子どもの未来を育む保育・教育の実践知

保育者・教師を目指すあなたに

神戸松蔭女子学院大学
子ども発達学科 著

寺見陽子 編集

北大路書房

序　文

　今日，私たちの生活は，科学の進歩によって生み出された知識や技術の恩恵にあずかって，とても便利になりました。しかし，その一方で，自然環境の破壊や地域社会の崩壊，人間関係の希薄化など，人として暮らす環境としては，安心できるものではなくなりつつあります。

　生活環境の変化は，子どもにとって酷なことです。子どもは友だちと一緒に自分たちの居場所をつくり，自分たちだけの遊びの世界を，周りとかかわりながら堪能します。そうした経験が，心の育ちにつなるのです。ところが，現代社会は，そうした仲間も空間も時間も，子どもの健やかな育ちを保障するものではなくなっています。

　それは，子どもを育てる親にとっても，その子育てに影響を与えています。特に，核家族化・少子化と女性の就労の進行による，子育ての仲間・場・時間の減少は，親の子育てへの不安とストレスを高めています。

　国では，こうした現状を踏まえ，1990（平成2）年の「1.57ショック」以降，保護者への子育て支援と同時に福祉・保育・教育の在り方の見直しに取り掛かりました。そして，福祉・保育・教育の基礎構造改革に着手し，少子化社会にふさわしい保育・教育の在り方に関する検討が行われました。子どもたちの豊かな育ちを保障するとともに，保護者の子育ても支援する，新たな仕組みづくりが始まったのです。そうした取り組みもすでに20余年が経過し，平成26年度から子ども子育て新制度等によって，新たな保育・教育システムの実現と，保育・教育の指針となる学習指導要領，幼稚園教育要領，保育所保育指針，そして幼保連携型認定こども園教育・保育要領の改訂によって実働が始まっています。

　本書は，そうした21世紀の教育・保育を支える親・若者，そして，子どもたちの育ちを支える支援者の方々の入門書として一役を担うことができればと考え編集したものです。第Ⅰ部では，「遊んで育つ子どもたち」と題して，乳幼児期の子どもの養育と保育について考えます。第Ⅱ部「表現する子どもたち」では，表現する存在として生まれてくる子どもの自己表現力を豊かにする援

i

助・教育について一考し，第Ⅲ部「学んで育つ子どもたち」において，子どもの学びと学校教育ついて考えます。そして，第Ⅳ部「主体を生きる子どもたち」では，それぞれ個性的な存在である子どもの，その個別性に応じた援助や支援と教育について考えます。最終章では，未来を生きる子どもたちの豊かな育ちを支える「実践家」になるための専門性とその裁量についてまとめました。

　本書が，本学科の卒業生や在学生はもとより，広く，これからの保育者・教育者を担う方々にも，未来を生きる子どもの教育・保育を考え，新たな実践知の構築につながる機会となれば幸甚です。

　最後になりましたが，本書の出版の依頼にご快諾くださいました北大路書房社長の奥野浩之様に心よりお礼申し上げます。また，実際の企画編集にあたり，貴重なご助言とアイディアをくださいました若森乾也様，校正段階では大変丁寧に校覧くださいました北川芳美様に心より感謝申し上げます。皆様のご支援があってこそ本書が世に出ることとなったものと思います。本当にありがとうございました。重ねてお礼申し上げます。

2018年3月

神戸松蔭女子学院大学人間科学部
子ども発達学科10周年記念誌編集委員会
編集代表・子ども発達学科長
寺見陽子

＊本書は，神戸松蔭女子学院大学人間科学部子ども発達学科の創設10周年を記念して，大学の助成により発刊されたものです。

目　次

序　文　i

第Ⅰ部　遊んで育つ子どもたち—乳幼児期の子どもの理解と援助—

第1章　子どもの養育と保育—子どもの育ちの理解と援助— ……………… 2
1．子どもが育つということ　2
2．乳児の生活と養育　4
3．幼児の生活・遊びと保育　6
4．子どもの保育・教育と保育者の役割　10
5．まとめ：養育者・保育者のかかわりと役割　12
●Column 1　保育所・幼稚園・認定こども園　14

第2章　子どもの遊びと学び—幼稚園の生活から— ……………………… 15
1．幼児期の遊びとは　16
2．幼児期の学びとは　16
3．遊びの中にある学びの要素をどう見るか　17
4．子どもの理解と援助　18
5．学びを支える保育者の資質　23
6．おわりに：経験を積み重ねるということ　24
●Column 2　子どもと遊ぶ　26

第3章　子どもの生活と健康 …………………………………………………… 27
1．子どもの睡眠が大切なわけ　27
2．子どもと運動遊び　30
3．運動遊びと子どもの育ち　34
4．おわりに　37
●Column 3　「早寝早起き朝ごはん」国民運動　39

第4章　子どもの遊びという文化 ……………………………………………… 40
1．遊びの限りない豊かさ：1枚の絵を見る　40

2．遊びの「反対」は何だろう？　40
　　3．ヒトはなぜ遊ぶのか：遊びの古典理論と近代理論　42
　　4．文化としての遊び：ホイジンガとカイヨワの遊び論　45
　　5．遊びの「古さ」と「新しさ」を見つめる　48
　　　●Column 4　松蔭おかもと保育園　51

第5章　保護者と家庭への支援―その仕組みと相談援助の留意点―……………52
　　1．子ども・子育て新制度　52
　　2．新制度における子育て支援　53
　　3．身近な子育て支援機関　53
　　4．家庭や保護者に対する相談面接の留意点　58
　　5．おわりに　62
　　　●Column 5　通告は支援の始まり　63

第Ⅱ部　表現する子どもたち―豊かな表現力を育てる教育―

第6章　環境としての声を育成する音楽教育……………………………………66
　　1．歌うこと　67
　　2．音楽教育における指導法の実際　69
　　3．歌うことと伴奏：ピアノ学習について　74
　　4．まとめ　76
　　　●Column 6　リトミック　77

第7章　造形表現・図画工作における技法遊びの展開……………………………78
　　1．美術教育と出合う　78
　　2．技法遊びの研究　80
　　3．技法の種類と方法　83
　　4．技法（研究）ファイルの作成　83
　　5．保育・教育現場における展開　86
　　6．おわりに：アートの扉を開く「技法」遊びとの出合い　88
　　　●Column 7　子どもと絵本　89

目　次

第Ⅲ部　学んで育つ子どもたち―児童期の子どもの理解と教育―

第8章　子どもの生活や遊びに基づく生活科学習 …………………………92
1．生活科の創設について　92
2．生活科の目標について　97
3．生活科の内容　98
4．子どもの生活や遊びに基づく生活科学習の実際　99
5．おわりに　103
　●Column 8　介護等体験について　105

第9章　子どもの豊かな見方や考え方を育てる国語科教育 ………………106
1．小学校国語科では何を学ぶのか：これからの国語科では　106
2．言葉による見方・考え方を働かせ，自らの見方・考え方を拡げる授業　107
3．これからの国語科教育　116
　●Column 9　子どもに生きる教材研究　118

第10章　子どもの科学への興味を高める理科教育 …………………………119
1．理科で何を学ぶか　119
2．理科の授業　120
3．理科の授業方法　123
4．理科の評価　127
5．これからの理科教育　128
　●Column10　理科と算数―垣根を越えて―　130

第11章　「主体的・対話的で深い学び」を実現する社会科教育 ……………131
1．「主体的・対話的で深い学び」が求められる社会的背景　132
2．戦後社会科教育の変遷　133
3．社会科学習に求められる改革の視点　135
4．「対話のある授業」で話し合い活動の活性化を図る　137
5．さらなる問題解決的学習の充実に向けて　139
6．おわりに　141
　●Column11　児童中心の教育と対話のある授業　142

第12章　これからの教育課程 …………………………………………………143
1．カリキュラムとはなにか　143
2．カリキュラムを考える際のポイント　144
3．カリキュラムはどう変わってきたのか　145
4．現代のカリキュラム：「ゆとり」の見直し　151

5．まとめ　153
   ●Column12　不登校とカリキュラム　154

第Ⅳ部　主体を生きる子どもたち―子どもの特性に応じた教育―

第13章　「生きる力」を育む教育活動―特別活動―……………………………156
   1．特別活動とは　156
   2．特別活動が教育課程に設けられている意義　159
   3．特別活動の意義と必要性　160
   4．特別活動の基本的な学習過程　162
   5．これからの特別活動　164
   ●Column13　教師の心得　166

第14章　子どもの社会的資質能力を育む学校教育
　　　　―育てる教育相談と積極的生活指導の関係について―　……………167
   1．生徒指導と教育相談のイメージから　167
   2．対立していた生徒指導と教育相談　169
   3．育てる教育相談の進展　171
   4．SSEとSGEの教育での活用　172
   5．A市立B小学校の取り組みから　174
   6．おわりに　178
   ●Column14　教育カウンセリング　180

第15章　発達障害の理解と支援　……………………………………………………181
   1．発達障害とは　181
   2．発達障害の分類　187
   3．発達障害児支援の方針　188
   4．具体的な取り組み　190
   5．大学の授業から学ぶこと　190
   ●Column15　子どもの療育　193

第16章　子どもと文化―日本列島の多様性に触れる―　……………………194
   1．日本列島の多様性に触れる　195
   2．ジェンダーをめぐる多様性　196
   3．南と北に息づく多様性　197
   4．新旧外国人がもたらす多様性　199

    5．言葉から読み取る多様性　201
    6．おわりに　203
        ●Column16　日本の多文化教育のこれから　204

終章　保育・教育の専門家になるために―実践知と専門性―　………………205
    1．経験と実践知　205
    2．専門的技術的裁量性　206
    3．「技」を「技化」する基盤：「間主観性」と「親密性」　209
    4．反省的実践家　211
    5．おわりに　212

結びにかえて　213
引用・参考文献　215
人名索引　223
事項索引　224

第Ⅰ部
遊んで育つ子どもたち
―乳幼児期の子どもの理解と援助―

　乳幼児期は，人として生きる基盤が形成される時期です。人として生きる基盤とは，歩行や食事・排泄・睡眠など，自分で生活をする生物的基盤と，話す，考える，相互交渉するなど，関係の中で生きる社会的基盤ができることです。乳幼児は未熟な存在です。周りからの保護と世話が必要です。でも，その未熟さには，生命体として成長していく力が秘められています。乳幼児は，自らモノや人とかかわり，遊びながら育ちます。したがって，乳幼児が生まれ育つ過程における大人の配慮や援助，乳幼児を取り巻く環境がとても大切です。

　乳幼児を保護し，育成することを「保育」といいます。その保育の基本とは，健康で安全，安心して自らの興味や関心を思う存分楽しめる環境をいかに整えるか，また乳幼児をいかに理解し援助するか，養護することと教育することを一体化させ，環境とのかかわりを通して育てることです。また，それには，養育者や保育者の役割が重要です。

　ここでは，子どもの健康，遊び，親や友だちとのかかわりについて考えます。また，それを支える保護者や家庭の役割と支援の在り方について一考します。

第1章
子どもの養育と保育
―子どもの育ちの理解と援助―

　かつて，子育ては人々の経験や知恵が，地域社会の中で受け継がれ行われてきました。七五三などのように伝統行事や産育習俗として，いまでも行われているものもあります。今日，社会の近代化や都市化に伴って地域が崩壊したために，そうした子育ての経験や知恵の多くは，経験者から伝達される経路が絶たれてしまいました。子どもをどう育てればよいかわからない，子育て仲間がいない，誰もサポートがないなど，子育てへの不安やストレスを感じる親が増え，子どもも遊び場や仲間が少なくなって，運動能力やコミュニケーション力，自己統制力の乏しさなど，その育ちが危ぶまれています。

1．子どもが育つということ

(1) 子どもの発達と育ち

　子どもが大きくなっていくことを指す言葉には，「成長」「発達」「育ち」など，様々な表現があります。心理学では，子どもの体重や身長などの量的な変化には「成長」，言葉を話したり考えたりすることができるようになるような質的な変化には「発達」という言葉を用います。また，生活の場で子どもが周りの環境とかかわりや社会的関係の中で変化していくことは「育ち」といいます。

そうした変化は，子ども自身の内的成熟と外部の環境に対する好奇心や興味・関心によるかかわりによって促されます。ですから，子どもの順調な発達を促すには，それを見守り，援助する周りの人のかかわりや子どもが過ごす環境がとても重要になります。そして何より大切なのは，子ども自身が，周りの環境に興味や関心を示し，自らかかわる能動性や自発性です。

(2) 子どもの育ちを支える場

　子どもが育つ場は主に家庭ですが，保育園，幼稚園，認定こども園といった集団経験のもてる場も，子どもの健全な育ちに，重要な役割をもっています。前者は，親子や家族の関係が中心ですが，後者は，先生や友だちとの関係が中心です。いずれの場においても，乳幼児期に必要な経験が十分にできるように環境を整え，親子や子ども同士，保育者がかかわり合いながら，子どもの好奇心や興味関心を満たし，自己表現しながら自発的に周りとかかわることができるようにする配慮が必要です。

(3) 子どもの育ちを支える大人の養育性

　子どもの成長や発達，育ちへの配慮は，養育し，教育する大人の側の「養育性」が必要です。「養育性」とは，子どもの発達や育ちに関する知識，生活における文化的習慣や行動に関する技術やモデル，子どもの思いを感じ取る感受性・共感性，大人自身の生活経験（遊び経験，自然体験や社会体験等）や世話経験などによって学ばれる「構え」を指します。

　かつては，そうした子育てに関する学びや養育性の獲得は，地域社会の人間関係を通して，自然に身につけることができました。しかし，すでに述べたように，地域社会の崩壊した今日，その学びの伝承経路が失われ，子どもを育てることを学ぶ必要性が出てきました。とはいえ，その学びにはマニュアルがあるわけではありません。いろいろな個性をもつ子どもとかかわったり，子育て経験者の様子をみたり話を聞いたりして，子育てに関する知識や技術，かかわり方を体得する機会をもつ必要があります。

2. 乳児の生活と養育

(1) ヒトの子どもの特性

　人間は高等動物ですが，高等動物の子どもは，誕生直後から生活に必要な諸行動を自分ですることができます。ところが，ヒトの子どもはとても未熟です。ポルトマン（1951/1972）という学者は，その現象を「生理的早産」と呼びました。ヒトの子どもは大脳が発達しているために頭が大きく，ヒトの母親の難産を避けるために，進化の過程で1年間早く生むようになったといいます。

　しかし，これが人間の発達に大きな意味をもつことになりました。「生理的早産」で生まれてきたヒトの子どもは，胎内環境にはない刺激を早くから受け，社会的な関係の中で育つことになりました。未熟児で生まれてくるヒトの子どもは成熟するまでに長期間かかるため，保護し世話する人を要し，その人と愛の絆で結ばれながら，その人を介して様々な能力を身につけていく，つまり，「学習によって成長する」という，他の動物にはない特別な能力を身につけることとなりました。

(2) ヒトから人へ

①「あやし－あやされる」という情動的コミュニケーション

　生後1か月は新生児期と呼ばれます。この1か月間は睡眠中心の生活ですが，授乳とおむつ交換を通して，周りを感受するようになります。養育者と見つめあったり，声掛けやスキンシップをしてもらったりしながら，授乳と排泄，睡眠の生理的なリズムが生まれ，あやしてもらうことへの反応もリズミカルになってきます。

②愛着関係の形成

　生後1か月を過ぎ，1歳までの期間は一般に乳児期と呼ばれます。専門領域によっては1歳3か月，あるいは1歳6か月までを乳児期とする場合もあります。

　生後3か月頃には首が座り，目にしたものを見つめたり視線で追いかけたりして，周りに興味を示し始めます。6か月を過ぎると，お座りや寝返りも始まり，少しずつ周りと自分のつながりに気づき始めます。また，いつも世話して

くれる人に特別な反応を見せるようになります。8か月ごろにはハイハイもして，身近な人とそうでない人をはっきりと区別し，いわゆる「人見知り」が出てきます。

【事例1】お母さんを追っかけて　8か月のKちゃん
　ハイハイを始めたKちゃん。お母さんがどこに行くにも追っかけます。少しでも姿が見えないと大泣きします。また，ちょっと目を離すと部屋中のあちこちにいってはいろんなことをします。ティッシュケースを見つけて，次から次へとポイポイポイポイ。台所では，食器棚の下の扉を開けて中にあるものを全部出したり，両手に弁当箱を持って叩き合わせたりして喜んでいます。
　でも，知らない人が来ると，大泣きしてお母さんにしがみつき離れません。お母さんはうれしい反面，疲れ気味。
　　　　　　　　　　　　　　　　　　　　　　　　　　　（原，2009）

　この特別な反応を「愛着（Attachment）」といいます。愛着の形成は，人を信頼し，社会的な関係の中で生きることの始まりです。

③知的な芽生え：感覚運動的知能
　愛着形成の背景には，乳児の記憶や認知といった知的な発達が関連しています。生活の中では，いろいろいじり回す探索行動が盛んになり，周りの変化と自分を視線でつなぎ，繰り返しで生じる規則性を見出して動きを予測し，始まりと終わりなどの関係に気づくようになります。これを「感覚運動的知能」といい，知的な芽生えです。大人には，それがいたずらに見えます。また，指さししながら発語もするようになり，「マンマ」など片言で話すようにもなります。

④人間としての基盤が形成される乳児期
　乳児期の課題は，人間としての基礎（生理的な調節と適応，歩行の完成，離乳の達成，言葉の芽生え）ができるようになることです。特定な人と親密な関係（愛着）を結び，その人に信頼を寄せて社会的な基盤を獲得し，人としての自我を芽生えさせていきます。

(3) 養育者の役割と課題

このように，乳児期には，養育者と愛着を形成し，そこで共有される場を基盤にして，社会文化的な関係や様々な機能が分化します。したがって，乳児の養育には，かわいがって世話をする，ありのままに受け止めて見守る，モデルを見せて学びの場をつくる，乳児の意向を読み取る，自立を促す，といった養育態度が大切です。

また，秩序を守る父性的（道具的）役割と包み込んで守る母性的（情緒的）役割を養育する者同士が相互に担い，乳児を情緒的に受け止め，時に葛藤も経験させながら，自ら成長していく機会を与える役割を果たす必要があります。一般に父性＝父親，母性＝母親と捉えられがちですが，あまり固定的に捉える

図1-1　お母さんでなきゃ
　　　　（愛着のはじまり）

のではなく状況に応じて養育者間でバランスよく果たすことが望まれます。

養育者は，こうした子どもとのかかわりを通して，親としての役割を学んでいきます。子どもを持つまでは，自分自身の自立とアイデンティティの確立に目が向けられますが，子どもをもつと，子どもやパートナーとともに生きることへと自己の切り替えを図っていくことが求められます。それは大きな葛藤を伴うものですが，その葛藤克服を通して養育者としてのアイデンティティが形成されます。

3. 幼児の生活・遊びと保育

幼児期になると，親との関係から離れ，自立が始まります。自分の世界が芽生え，友だちへの興味・関心が生まれてきます。

(1) ふり・見立て遊びと心の芽生え（2歳児）
①経験したことを再現して遊ぶ

「事例2」にみられる一連の子どもの行為を見立て遊びといいます。Aちゃんは1歳から保育園に通っており，毎日園でお昼寝をします。そのときの自分や友だちの姿，保育者のかかわる様子など，心にファイルされているイメージを，タオル，布団，縫いぐるみに置き換え，Aちゃんは，先生になったつもりで，表現しています。

【事例2】自分の経験を周りの者に置き換えて遊ぶ2歳児

　プールに入れなかったAちゃん。部屋で，着替えやタオルの入っているロッカーの引出しを開けては閉め，閉めては開け…やがて，タオルを1枚ずつ出して床にきれいに並べはじめました。その上に動物の縫いぐるみを大事そう抱きかかえてのせ，タオルを掛けていきます。全部の縫いぐるみを見回ってから胸の辺りをポンポンと叩いてお話を聞かせています。

(寺見・西垣，1998)

---

②心の芽生え

　このように，2歳ごろになると，自分の過去の経験をイメージにして心にとどめ，それを現実の中に再現して遊び，心の世界を持ち始めます。この背景には，脳の発達による表象機能の芽生えや記憶力の発達があります。こうした発達に支えられて経験する事柄が，子どもの自我の芽生えを促していきます。また，遊びを通して，心のイメージが言葉に置き換えられ，言語が発達していきます。

(2) 友だちとのかかわりと心の世界の広がり
①つなげる行為からテーマのある遊びへ

　「事例3」は，3歳児がごっこに興じる姿です。子どもたちは「くっつける」ことを楽しんでいます。「くっつける」ことの繰り返しは，やがて「つなげる」動きのイメージを生み，「つながったもの」のイメージへと展開していく様子

がわかります。このように，3歳になると，友だちのしていることを見ながら自分の世界も変化させることができるようになります。いわゆる真似遊びですが，それは心の世界の形成に重要な意義をもっています。「まねるは学ぶ」といわれる所以です。

> 【事例3】 イメージをつないでテーマをもって遊ぶ3歳児
> 　朝からの雨で，大きな水溜りが園庭にできています。1か月程前，雨でできた水たまりを見た子どもたちが「海やー」といってはしゃぎ，保育者が発泡スチロールで船を作って浮かべると，喜んで見入ったことがありました。それを思いだしたのか，B子ちゃんが「先生，船作って」と頼みにきました。保育者が木片をボンドでつなぎ船を作ってみせると，どの子も「くっつけること」に興味を持ち，つないで，積んで，大きな木を土台にして，など様々に木片をくっつけて，繋いで遊ぶことに興じ始めました。
> 　やがて，C男が，ストローを5，6本くっつけたかと思うと，水溜りが見える窓からたらしました。それを見たD子，E男も次々に窓からたらします。C男が「釣れた！」と突然大きな声で叫び，周りの友だちの顔を見てニコッ。「何をしているの」と何気なく保育者が聞くと「魚釣り」といいます。部屋の中央では，つないだ木片を新幹線の線路に見立てて遊んでいます。線路は，先頭と尻尾がくっつき，丸い形ができています。A男はそれをみて，「あっ，池や」といました，そこでもまた釣りを始める。新幹線で遊んでいた子ども達も，それに惹かれて，いつのまにか，新幹線の池で一緒に「魚釣り」をはじめました。　　　　（寺見・西垣，1998）

②心持ちが共鳴し，イメージが伝わる

　子どものイメージの展開には，子どもなりの必然性があります。イメージは，子どもがおかれている状況や場の雰囲気に影響されますが，他者とのかかわりを通して他者のイメージが伝達されて，新たな展開を生み出します。新幹線の線路がつながって池になり，釣りが始まるまでの過程では，子ども間で，相手を見る，見つめて笑い合うという感覚的行為による交流を通して，相手のイメー

ジを感受し，いつの間にか共鳴していくという，言葉によらない仲間へのイメージの伝達と共有の過程があるのが，この事例から読み取れます。共鳴が仲間と共有された時空間をつくり，遊びのテーマや流れが生まれていきます。

③遊びに埋め込まれた子どもの学び：内と外の世界

「くっつけてつなぐ」ことは，自分の行為によって目の前の世界が内と外という二次元に切り分けられていくことを意味しています。積み木などによって空間をつくる遊びでは，立体的な三次元世界を体験します。幼児は，こうした遊びの体験から物理的な意味を知っていきます。幼児の遊びには，こうした知的な学びが含まれています。

(3) 遊びの発達

これまで見てきたように，乳児期には，情動のやり取りと探索活動を中心とした感覚運動的な遊びを楽しみます。幼児期になると，表象機能が発達し，イメージによる振りや見立て遊びをするようになり，やがて，ストーリー性のあるごっこを楽しむようになります。友だちへの興味が芽生えてくると，そうした遊びを友だちとのやり取りを通して楽しみ，次第にごっこ遊びの中の約束事を自分たちのルールにして，組織的な遊びをするようになります（表1-1）。

(4) 保育の場における子どもの理解と援助

①子どもの心持ちに触れる・見守る

「事例2」を観察した保育者は，Aちゃんの行為があまりにも丁寧だったので，ひきつけられ，しばらく見守ることにしました。この事例は，その時に取

表1-1　乳幼児期の遊びの発達 （ピアジェ・イネルデ，1966より作成）

子どもの遊びの変化	遊びの特徴
◆感覚・運動的遊び （乳児期～　）	○いじる，にぎる，たたくなど機能的遊び ○自己活動と探索活動
◆象徴的遊び （2歳頃～）	○ふり遊び，みたて遊び ○まねっこ遊び ○ごっこ遊び
◆ルールのある遊び （5，6歳～）	○約束事で遊ぶ ○関係を作って遊ぶ ○競争と協同と勝負

られた記録です。周りから見て「ぼんやりしている」「ぶらぶらしている」「いじりまわしている」と見えるとき，子どもは，目の前のことから自分の中に沸き起こる様々なイメージの動きを体験している場合がよくあります。子どもを理解しようとするとき，外から観察されうる行為にとどまらず，子どもと場を共有してその心持ちに触れようとする保育者の心持ちが大切です。これが子ども理解の原点になります。

②遊びになっていく過程を読む：子どもの「つもり」への共感

「事例3」にみられるように，子どもの遊びは，子どもによって自発的に創造されるものなのです。したがって，保育者は子どもの遊びを形で捉えるのではなく，遊びになっていく過程とその流れを読み取って理解することが大切です。

③きっかけをつくる・モデルを見せる

「事例3」では，子どもの求めに応じて保育者が船を作ってみせたことがきっかけになって，「くっつける」ことを楽しむ活動が，「魚釣り」というテーマのある活動に変化しています。子どもの思いに応じてした保育者のかかわりが，子どもの内的な世界に動きのイメージをつくり，表現の方向性とその活動に向かう意欲を高めています。

④言葉掛けをする：子どもの思いに輪郭をつくる

子どもに「何をしてるの」と尋ねることは，時に，子どもの動きを低迷させてしまうこともあります。つまり，言葉掛けのタイミングが重要です。「事例2」のように，子どもの内的なイメージが明確になりつつある段階で「何をしているの」と言葉掛けをすることは，子どものしていることに輪郭を与え，子ども自身が自覚的に遊ぶことを促します。ですから，いつ，どのように，言葉掛けするか，ということは，保育者にとって重要な課題といえます。

4. 子どもの保育・教育と保育者の役割

子育ては，家庭という私的な領域で，親密な情緒的絆を結んで子どもを養育することです。それに対し，家庭から離れた場で子どもの世話をし，その健やかな育ちを促していくことを「保育」あるいは「教育」といいます。

育児も保育・教育も，子どもの順調な発達を促し，その幸せを保障するという意味では本質的に大きな違いはありませんが，保育・教育は，保育所・幼稚園といった家庭と異なる場で子どもが集団生活し，家庭とは異なる経験をするという，社会的関係の中で育つ意義があります。保育所・幼稚園双方の機能をもつ認定こども園も同じです。

　保育は，養護と教育の一体化したものと捉えられています。養護とは保育者が子どもの生命を護るために配慮すべきこと，教育は子どもの発達を促すことを指しています。保育所は保育所保育指針，幼稚園は幼稚園教育要領，認定こども園は幼保連携型認定こども園教育・保育要領を基準にしますが，いずれも「保育の基本」は「環境を通して行う」ことを基本としています。

(1) 生活づくりと人間関係づくり

　保育の場で，子どもは，家庭では味わえない集団生活をすることができます。仲間といる，楽しくて，面白くて，楽しい生活が，そこにあります。保育は，保育者と子ども，子ども同士，また保護者も含めて，それぞれの出会いとかかわりが紡ぎ出す人間関係によって営まれるものです。保育者も子どもも保護者も，お互いにお互いを巻き込み，巻き込まれながら思いをやり取りし，場を共有して親密な信頼関係を結び，育ち合う生活づくりをすることが肝要です。

(2) 環境を通して行われる保育

　子どもは発達する存在であるとともに，今を生きる存在です。子どもは，自ら身近な人やモノにかかわり，そのかかわりを通して育っていきます。したがって，子どもが保育の中でどんなモノや人とどのようにかかわり，自分の思いをどのように実現し，楽しみや喜びを実感したかということが，子どもの心の育ちは大切な栄養です。それは，保育の場の環境の重要性を示しています。

　すでに示した，保育所保育指針や幼稚園教育要領にも，人・モノ・空間・雰囲気といったすべてを含む保育環境の整備と保育者のかかわりの重要性が記されています。

(3) 保育の環境

図1-2　友だちと一緒に砂で遊ぶ

環境とのかかわりは，乳幼児が自発的存在とはいえ，自分の思いを実現するには，安心できる場，和やかな雰囲気や自由に振る舞える関係，自ら興味や関心のもてる素材や環境設定，かかわりをつなぎ広げてくれる人の存在が不可欠です。乳幼児の興味・関心や発達に応じた保育環境の中で，自ら環境に興味を示し，自らの楽しみのために遊び，自己活動を展開できる保育の環境を整える，構成することが保育者の重要な役割です。

(4) 遊びによる保育：生きる力と心の育ちを促す保育

乳幼児は，環境とのかかわりを通して，自分の世界を形成していきますが，それは遊びとして展開されます。遊びには，乳幼児が自らかかわり，未熟ながらも今発達しつつある機能や能力を駆使して，自分を軸に周りとの関係を形成する過程です。遊びは単に楽しみを越えて，乳幼児自身が自己の存在を実感する場でもあります。保育・教育の場では，自分の思いを表現し，内面の育ちを形成していく過程として遊びを捉え，周りとの関係を紡ぎだしていくことを援助する保育者の役割が求められます。

5. まとめ：養育者・保育者のかかわりと役割

養育の場や保育の場における大人のかかわりと役割には，乳幼児に出会いの場と機会をつくり，乳幼児の気持ちに添い，その気持ちを支えながら，励ましたり，モデルを示したりしながら，援助者として，一緒に周りとのつながりをつくっていくという，仲間・モデル・共同作業者といった多重な意義があります。

しかし，最も大切なことは，乳幼児にいつも安心を与える存在であることで

す。子どもが安心して様々なかかわりを展開し，その中で経験する葛藤や挫折感を乗り越えて自分の思いを実現していく，またその達成感を十分に実感できるように，子どもの心の居場所となることです。乳幼児が様々な葛藤を経験しながら，その時々を心地よい関係にうまく切り替え，自分の世界を表現して，ともに今を生きる楽しさを十分に味わう生活を，個々の子どもの個性と育ちに応じて支えていきたいものです。

Column 1
保育所・幼稚園・認定こども園

　子どもの「保育」をする代表的な施設は，3つあります。
　保育所とは，子どもの心身の幸せ（福祉）を増進するための，児童福祉施設の1つです。厚生労働省が管轄しています。保護者が働いているとか，保護者が病気やケガの治療中であるなど，家庭で十分な保育を受けられず，「保育を必要とする」子どもの保育をします。保育所の根拠となる法律は，児童福祉法という法律です。0歳児から，小学校入学前までの幅広い年齢の子どもが通っています。職員の多くは，保育士資格をもって働いています。
　幼稚園とは，子どもの発達を援助して，義務教育やその後の教育の基礎を培うための学校です。文部科学省が管轄しています。学校教育法という法律の第一条には，多くの学校の種類があげられていますが，幼稚園はその一番前に登場します。原則として，3歳から小学校入学前までの子どもが通園しています。働く職員の多くは，幼稚園教諭の免許状をもっています。
　認定こども園というのは，2006年にはじめて登場した，比較的新しい保育施設で，内閣府が管轄しています。幼稚園型，保育所型，幼保連携型，地方裁量型の4つのタイプがあります。その中でも，幼保連携型認定こども園は，保育所と幼稚園，それぞれの働きを併せ持ち，子どもの育ちと，親の子育てを，総合的に支援する施設です（根拠法は，認定こども園法）。子どもは，親が働いているかどうかや，年齢にかかわらず，保育を受けることができます。そのため，0歳児から小学校入学前の6歳児まで通園できます。職員は，原則として，保育士資格と幼稚園教諭の免許状の両方をもっています（このように，保育士資格と幼稚園教諭免許状を併有する認定こども園の職員を，**保育教諭**といいます）。ちなみに，大阪府，兵庫県は，全国の中でも，認定こども園が特に普及している府県です。
　どの施設も，小学校，中学校という義務教育から，高等教育，成人に至るまでの成長（生涯発達）の道筋を見通して，子どもの発達の援助を行うことを共通の目的としています。さらに，どの施設も，地域に住む子育て家庭をサポートしていくことを使命としています。子育てに励むお父さん，お母さんたちと，子育てのしんどさや喜びを共有するパートナーの役割を負っているのです。これら3つの施設に寄せられる期待は，今後ますます同質化していき，それにつれ，3つの施設の間のカベはどんどん低くなっていくでしょう。

第2章
子どもの遊びと学び
—幼稚園の生活から—

　四半世紀前，平成元年に幼稚園教育要領が改訂され，保育者主導になりがちであった幼稚園教育が，心情・意欲・態度の育成をねらいとし，幼児の主体性を重視するよう大きく方向転換しました。その後，社会情勢の変化や価値観の多様化によって，改訂を重ねてきましたが，幼児期の教育が人格形成の基礎を培い，遊びを中心とした幼児の主体的な活動を通して生きる力の基礎を育成する教育であることは引き継がれています。

　平成28年12月に出された中央教育審議会教育課程部会答申「幼稚園，小学校，中学校，高等学校及び特別支援学校の学習指導要領等の改善と必要な方策等について」（文部科学省，2016b）を受けて改訂された新幼稚園教育要領では，幼児教育から高等学校までを通して育成すべき資質・能力として，「何を知っているか，何ができるようになるか，…『知識・技能』の基礎」「知っていること・できることをどう使うか…『思考力・判断力・表現力』の基礎」「どのように社会とかかわり，よりよい人生を送るか…『学びに向かう力・人間性等』」の3つの柱が明確にされています。これらの資質・能力は，小学校以上の教育では教科等の中で育成していきますが，幼児教育では，これまでと同様，遊びを通した総合的な指導の中で育んでいきます。

　本章では，遊びによる指導に焦点を当て，幼児の遊びと学びがどのようにつながっているのか，また，保育者の果たすべき役割は何なのかについて，幼稚

園における具体的な実践事例を通して考えていきます。

1. 幼児期の遊びとは

　「遊び」とは，「自らの興味や関心に導かれ主体的に環境にかかわり，自発的に始めた活動」といわれています。しかし，幼稚園の現場で，自発的に始め，主体的に環境にかかわって活動していても熱中しているようには見えなかったり，クラス活動としてかかわり，自発的に始まったものではない活動に夢中になっている子どもの姿を見たりすると，学びの場となる「遊びの質」を考えざるを得なくなります。

　幼稚園教育要領解説（2008）では，「人が周囲の事物や他の人と思うがままに，多様な仕方で応答し合うことに夢中になり，時のたつのも忘れ，そのかかわり合いそのものを楽しむこと」を遊びの本質としています。つまり，どのような活動が本質的な「遊び」であるかを見極め，活動している子どもの心の動きを理解することが，幼児期の遊びを考えるためには重要であるということになります。

2. 幼児期の学びとは

　平成元年度に幼稚園教育要領が大幅に改訂されて以来，幼児の主体的な遊びを中心とした生活の中で，生涯にわたる人格形成の基礎を培うべく，幼児期に育てていきたい心情・意欲・態度を育むことが幼稚園教育の目標とされてきました。その後，幼児教育を取り巻く社会や子どもの育ちの変化に伴い，小学校以上の学習指導要領とともに幼稚園教育要領も改訂を重ね，平成29年3月の改訂では，学校教育改革全体の課題として幼児教育が取り上げられています。

　幼児を取り巻く社会の実情としては，平成26年4月から実施されている子ども・子育て支援新制度によって，幼児期の教育を行う施設が多様化していること，預かり保育が拡充され幼児が集団で生活する時間数が増えていることなどがあげられます。また，子どもの育ちの変化としては，生活経験の不足や友だちと十分かかわって活動する体験の不足から，言葉による伝え合い体験の不足

や運動能力の低下などにも及んでいます。

　これまで幼稚園教育の中で「ねらい」となってきた心情・意欲・態度の育成は，平成29年の改訂では「学びに向かう力，人間性等」として「資質・能力の3つの柱」のうちの1つの柱として位置づけられ，先に示した「知識や技能の基礎」「思考力・判断力・表現力の基礎」とともに総合的に指導していくことになりました。

3．遊びの中にある学びの要素をどう見るか

　幼稚園は，幼児期にふさわしい生活の場を実現することで，子どもの発達を可能にしていく場です。集団のもつ教育力を最大限に生かしながら，個々の子どもが多様で豊かな経験を積み重ねていけるように環境の構成や援助をするのが保育者の役割です。新幼稚園教育要領では，幼児教育において育みたい資質・能力を，以下のように示しています。

　①知識・技能の基礎：基本的な生活習慣や生活に必要な技能，身体感覚，気づきや発見の喜び，言葉の習得，表現のための基礎的な知識や技能の習得
　②思考力・判断力・表現力等の基礎：試行錯誤・工夫，予想・予測・比較・分類・確認，他の考えなどに触れ，新しい考えを生み出す楽しさ，自分なりの表現・伝え合い等
　③学びに向かう力，人間性等：思いやり，好奇心，探求心，葛藤，折り合い，協力，色・形・音等の美しさや面白さに対する感覚，自然現象や社会現象への関心等

　①〜③の内容は，新幼稚園教育要領に示された「ねらい及び内容」「幼児期の終わりまでに育ってほしい姿」から抜粋した例示ですが，これらの資質や能力を総合的に習得していくためには，適切な環境の構成や援助を意図的・計画的に行うことが必要です。
　次項では，具体的な保育事例から，遊びの中の学びや保育者の役割を見ていきます。

4. 子どもの理解と援助

(1) 具体的事例を通して

　A園は4歳児1クラス19名，5歳児1クラス29名の小規模園です。

　4歳児の担任は経験20年のベテラン，5歳児の担任は経験2年目の若手教師で，昨年度は4歳児を担任していたので，今年度初めて5歳児を担任しています。4歳児と5歳児の保育室は隣合っており，少人数園であるため，子どもは互いの遊びに刺激を受け合っています。

【事例1】

　1月になり，4歳児クラスでは凧を作って飛ばす遊びが始まった。

　初めは，レジ袋の持ち手にひもをくくり付け，園庭を駆け回って，袋が空気で膨らみ浮かんでついてくるのを楽しんでいたが，次には，画用紙を蚊取り線香のように渦巻状に切った中心に糸を付け，風を受けて浮かびながらクルクル回るのを楽しんだ。

　いよいよ，六角に切ったビニールに竹ひごを付けたグニャグニャ凧に挑戦する。凧はバランスが大切で，骨や糸を付ける位置が正確でないと，まっすぐに揚がらないため，4歳児は二人組になって，一人が竹ひごとビニールの角を手で抑え，もう一人がそれをセロハンテープで固定する。保育者があらかじめ補強して穴をあけた翼の先端に糸を結ぶとき，難しい場合は担任や結べる子どもが手伝い，なんとか凧が完成した。担任は，ビニール面に油性ペンで好きな絵を描くように言ったが，子どもたちは，それよりまず，どんな飛び方をするのか見てみたくて，園庭に飛び出していった。

　ベテランである4歳児の担任は，今までの経験から，子どもが風や空気圧を感じながら凧遊びが楽しめるように，周到に準備をして環境をつくっています。日常的に見慣れたレジ袋にひもをくくり付けるだけの最初の凧は，保育者の周りから自然に広がりました。子どもが友だちと同じものを持って，広い園庭を一緒に駆けまわる爽快感や満足感を味わいながら，風を受ける抵抗感や走る速

第 2 章　子どもの遊びと学び

図 2-1　作った凧を揚げる

さがその抵抗感に関係しているらしいことを無意識のうちに感じとっていることは，スピードをあげて走っていく表情でわかりました。

　グニャグニャ凧をクラス活動として作ることになったとき，子どもたちは凧で遊ぶ楽しさをすでに知っており，「今度はどんな凧だろう」と興味をもって作り方を聞きました。竹ひごをつける位置やつけ方，タコ糸を付ける手順など，正確にしなければ揚がらないため，保育者は予め二人組をつくり，二人で協力して作れるようにしました。また，二人組をつくる際には，互いの意思疎通のしやすさや，理解度，糸をくくり付けるなどの生活経験の有無も考慮して，二人が心地よく協力できるようさりげない配慮をしていました。

　ビニールに竹ひごをずれないように固定する作業は，4歳児が一人で行うのは確かに困難ではありますが，困難さを自覚する機会がなかったために子ども自身が「協力する」必然性や友だちに手伝ってもらう有難さを感じるなど，人の中で生活するうえで大切な経験を意識することは少なかったかもしれません。

　資質や能力を得るためにひとつの遊びの中で学べることは多岐にわたります。自分で作った凧がうまく揚がることで得られる学びもあります。この事例の保育者は，ビニールに竹ひごの骨を固定するという活動では，失敗経験をしてそれを超えるための工夫をしたり視野を広げたりする経験より，成功体験による満足感や知識・技術の習得を選択しています。

　ひとつの活動の過程で得ることのできる多様の経験の中で，保育者が何を選択するかは，子どもの実態やクラスの状況を保育者がどのように理解している

第 I 部　遊んで育つ子どもたち

か，一人ひとりの幼児の発達の課題をどのように捉えているかによります。

【事例2】
　この日は，風が強かったため，凧はバタバタと音をたて高く揚がり，時にクルクルと暴れた。子どもたちは，歓声をあげた。担任は，絡まり合った糸をほどきながら，「お友だちとくっついてると絡まるよー」「走らなくても揚がるよ」「どっち向きになったらいいか，見つけてごらん」と声をかけた。しばらくして，フリーの保育者が，担任の意図が伝わるように，糸を長く伸ばし，風向きを図りながら高く揚げて見せた。見る見るうちに凧が2階の屋根近くまで揚がるのを見て，幼児たちはフリーの保育者の周りに集まり，同じように揚げてみようとした。

　子どもたちは，今までの凧と同じように，糸を1.5～2mに伸ばし，園庭を駆け回って凧を揚げようとしましたが，風が強かったため，走る方向によって追い風になると凧は落ちてきました。「あれ，今までの凧と違うぞ」という戸惑いが生まれ，園庭のあちらこちらに立ち止まった4歳児の姿がありました。1月とはいえ穏やかな日が続いていたので，担任は風が強くなるこの日を待っていました。子どもたちが思ったように「凧」が違うのではなく，「風」という環境が違っていたのです。
　4歳児の育ちは様々です。担任やフリーの保育者の傍に行き，それぞれの方法でどうすればいいのか情報を得ようとする幼児，短く持って走り回るという今までのやり方を繰り返し試してみる幼児，早々とあきらめて他の遊びに移っていく子どもなど，それまでの経験によっても同じ環境から学ぶ姿や内容が異なります。

【事例3】
　4歳児が揃って高く揚がった凧を見上げている中に，好きな遊びをしていた5歳児が加わった。数人の5歳児が保育室に駆け戻り，「凧が作りた

い」と担任に伝え，凧型に切ってあるビニールと凧糸を出してもらった。他の材料や作り方は，4歳児の凧を見ながら身近にある材料から各自が選択して作り上げた。ほとんどの子どもが芯に使い慣れたストローを使っていた。園庭に出て揚げようとしたが，浮かぶのは数人だけで，ほとんどの幼児が「なんで？」と首をひねって保育室にもどってきた。

　5歳児の担任もグニャグニャ凧を作ろうと計画し，準備をしていました。しかし，どのタイミングで活動に入ろうか，具体的なねらいは…，手順は…と迷っているうちに幼児が環境からの刺激を受け，したい気持ちになってしまったのです。十分な準備や心づもりがないまま活動が始まりました。担任としては，自発的な活動と捉え，また4歳児の時，好きな遊びの中で経験した子どももいるので，試行錯誤しながらできる範囲で遊べばよいと考えたのかもしれません。
　保育室にもどってきた5歳児は，「もも組（4歳児クラス）みたいに飛ばない」と訴え，不思議そうであり不満そうにも見えました。本来ならここから「なぜだろう」と探求や工夫が始まるのですが，この日はたまたま行事の関係で好きな遊びの延長はできなかったので，続きは翌日に持ち越しとなりました。

(2) 発達とのかかわり

　先の事例で示したように，同じ活動であっても発達の時期によって遊びとしての意味が変わり，ねらい・内容はもとより，環境の構成や援助も異なります。資質・能力の3つの柱に示された内容を身につけていくにはそれぞれの発達の時期に相応した指導が必要です。例えば，3年保育3歳児では，初めて集団に入った子どもが，身近な環境の中から偶然見つけたものや事象に面白さを感じることがあります。水遊び用に出したタライの水に太陽の光が反射して，映し出された光の反射が庇や園舎の外壁でチラチラ動くのを見つけて，初めはじっと見つめていたのが，やがてタライの水とのかかわりに気づき，繰り返し水を揺らして楽しんだりします。保育者にとっても，予測していない偶然であることが多いのですが，その楽しさが子どもにとって意味のある環境とのかかわりになるよう，一人ひとりに応じた対応をしていく必要があります。

幼稚園生活2年目の4歳児は，生活の流れを理解し，安定して周囲に広く目を向けるようになります。様々な素材や用具に触れ，使ってみながらその特性や扱い方を徐々に知っていきます。初めてのものや出来事に出会ったとき，モデルとなる年長児や保育者がいると，安心して模倣することから自分なりのイメージをもった遊びへと移行することもあります。「事例1」で示したように，経験を積み重ねることで継続的な興味の持続もでき，繰り返したり変化させたりしながら，自分の思いを遊びの中に表出し，熱中して遊ぶ充実感をもつようになります。また，友だちの存在が大きくなり，一緒に遊ぶ楽しさと自分の思い通りにならない葛藤をともに体験していきます。4歳児の初期のごっこ遊びを見ていると，それぞれが自分のしたいことや言いたいことを出し合っているようでも，結果的には各自のイメージに基づいて遊んでいることがよくあります。しかし，友だちと遊ぶことでイメージの広がりとともにイメージの違いにも気づき，徐々に伝え合うために言葉を使って話し合うことも多くなります。保育者は，モデルになったり，遊びの共有者になったり，代弁者になったりしながら，環境を構成したり友だちとの関係を調整したりします。子どもが主体的に遊びながら，この時期に豊かな環境とのかかわりをしていけるよう支えていくことが大切です。「事例2」で示したように友だちと同じものを持ち，一緒に活動していく中で思い通りにならない事態に出会ったとき，それを乗り越えるために身近な大人である保育者に頼ることもありますが，徐々に周囲を見回して情報を得たり，今までの経験を駆使して試したりするようになってきます。

幼稚園生活3年目の5歳児は，遊具や用具，素材，場などの中から必要に応じて遊びに必要なものを選択して自分たちの遊びをつくっていきます。友だちとのかかわりの中でも，自分らしさを発揮できるようになり，自分のイメージや好みを出し合いながら自然な形で役割を担い，ともに生活する仲間としての意識ももつようになります。技術や練習を必要とする遊びにも主体的に取り組み，自分のやり方やペースを自覚することで自己肯定感を得ることにもつながります。また，「事例3」にみられるように，主体的に身近な環境から遊びのきっかけを見つけ，自分の力でやってみようとするとともに，困難に出合っても原因や解決の方法を見つけようとする意欲も育っています。保育者は，物的・

空間的・時間的環境を構成するとともに，遊びの中の学びを確実に見取っていくことが小学校との連携のうえでも大切です。

5．学びを支える保育者の資質

　保育者の主な役割である環境の構成や援助は，その遊びがスムーズに遺漏なく行えるようにするためのものではなく，遊びに含まれる学びの方向性を規定するものです。そのため，漠然とした環境の構成をすると子どもは漠然と遊び，漠然と遊びを済ませていきます。子どもの興味・関心を喚起し，主体的にかかわりたいと感じる環境を構成するには，子どもの実態を理解することが大切です。

【事例4】
　保育終了後，5歳児の担任は職員室に戻ってくると「グニャグニャ凧のこと，一から考えてみたい」と，園内研修を望んだ。その日の凧の保育にかかわった4歳児担任やフリーの保育者，保育の補助をしていた養護担当者らが加わり，子どもたちの今日の姿を中心に声を出し合ううちに，やがてこの活動で子どもにどんな経験をさせたかったのかに話がつながった。

　まず，なぜ5歳児の作った凧が揚がらなかったのか，から話し合いが始まりました。竹ひごではなく曲がるストローを骨に使っていたため，風を受けて凧が変形していたこと，骨や凧糸を付ける位置が歪んでいたこと，凧糸をくくることができずセロハンテープで付けている子どももいたことなど凧の作り方が幼児たちに十分伝わっていなかったことが原因であることは，全員の意見でした。5歳児の担任は，自分たちで考えながら工夫して凧を作ってほしいと願っていましたが，何をどの程度工夫できるのかという予想がつかなかったため，普段の好きな遊びで剣や人形を作るときと同じような対応をしていたことがわかりました。
　4歳児が凧の種類を変えながら，興味を高めていき，正確な作り方を伝えて

いったようにすればよかったのか，というと5歳児の発達や今までの経験を考えるとそれも違うのではないか，今までの経験とは何なのか，など「揚がる凧をどのように作るか」だけでなく，そもそも「なぜ揚がる凧を作るのか」「凧を作って揚げることは，5歳児にとってどのような学びがあるのか」を考えるに至りました。

凧と風の関係を考えると，風の強さや向き，さらに高く揚がったときの安定感に見る風の動きの高低差など，科学的な考え方の基礎が遊びの中にたくさん含まれているけれど，幼児期に何を経験しておくことが，将来「なぜ」と考えていく科学的思考の楽しさに気づく基となるのかと，話し合いが進展しました。鯉のぼりの時期には，風に舞う鯉のぼりを見たり，自分たちも風をいっぱいに受けた鯉のぼりになって園庭を飛んで遊んだりするなど風を意識して遊んだことはあるけれど，グニャグニャ凧とは関連して考えたことはなかった，とか，今は劇遊びで大嵐になって森の木が風に揺れる表現を子どもたちと模索しているが，この風も関係あるのだろうかなど，様々な意見が出ました。

ここで留意すべきなのは，幼児期の学びは遊びの中にあり，子どもは理科の学習をするわけではないということです。子どもは，自らの好奇心や探究心にそって夢中で遊び，充実感や満足感を得てさらに意欲をもつようになります。幼児にとっては，その過程こそが学びの場となります。子どもが経験によって蓄えた見方や考え方，思い，知識や技能などを子どもの実態として保育者が理解し，環境を構成していくことが求められます。

6. おわりに：経験を積み重ねるということ

保育者は，子どもとともに生活する中で，多くのことを学びます。保育者も子どもと同じく，ただ活動を繰り返すだけでは学ぶことはできず，実践しながら考え，工夫し，挫折し，さらに試行錯誤していく営みの中で成長します。「事例4」のように，子どもにかかわる保育者が立場の違いはあっても，率直に意見を言い合う研修は大切です。経験実績の多少にかかわらず，どう考えて何をした，という事実から話し合いはスタートします。

多くの実践経験をしていると，活動の流れや子どもが戸惑ったり困難と感じ

たりする部分がある程度予測できるようになります。その予測を自分の保育にどのように生かしていくか，何を選択するかによって，子どもの学びが異なってきます。経験が少ない保育者も経験が少ないなりにどう考えて保育を進めるのかを自分の言葉で語ると，保育を言葉で表す過程で，自分の考えが整理できます。

　保育実践は，一人ひとりの子どもの理解から始まります。子どもは，自分がどのように受け止められているのかを敏感に感じ取り，肯定的に受け止められていると安心して本来の自分らしさを出してくるなど，理解をする段階から保育者の心の持ち方が重要になってきます。自分なりに子どもの理解を丹念に行い，その段階で他の保育者の見方，受け止め方に触れることで，子どもを理解する力をつけていくことができます。

　保育者に求められるもうひとつの大きな課題は創造性です。子どもが遊びを創り出していくための環境づくりをするということは，子どもと同じように遊びを楽しみ，遊びの面白さを追求できる豊かな創造性が必要です。創造性は，経験の積み重ねから広げることができます。自分の生活経験を広げ，人のしていることに関心を向け，街を歩けばショーウィンドの飾りつけにも目を向けるなど，心や頭の引き出しに面白いと思うものを溜めこむことが楽しい保育のもとになります。

　実践経験が少なく，十分な予測ができないために保育がスムーズにできないことは，誰もが通ってきた道です。失敗を恐れず，心を開いてたくさんのことを経験し，吸収していくようエールを贈ります。

Column 2
子どもと遊ぶ

　「なぜ私は教職を選んだか」というテーマに対して，「小さな子どもと遊んだ経験が楽しかった」という反応がたくさんありました。筆者自身も，同じく忘れられない体験があります。筆者が小学校2年生の時の担任は，毎日の給食の後，お話をしてくれる先生でした。それが毎日楽しみで，やがて自分も3歳下の弟に創作したお話を聞かせるようになっていました。眠る前の暗闇の中で，じっと聞き入る弟の顔が今も目に浮かびます。そのとき創ったのは「ケッサク・ハッサク・夏ミカン」というミカン三兄弟のお話で，自分たち三姉弟の日常をミカンに置き換えたようなたわいもない筋のお話でした。

　幼稚園教諭となったとき，目の前に，昔の弟と同じ顔をして絵本に聞き入る子どもたちの顔を見て胸を打たれました。お話を通して，読み手と聞き手が同じように心を動かす感覚がありました。

　もうひとつ印象に残っているのは，幼稚園に近隣の中学生が家庭科の触れ合い体験で訪問したときのことです。兵庫県が行っている「トライやる・ウィーク」は，幼児とのかかわりに関心をもっている中学生の職業体験ですが，家庭科の授業では，幼児とのかかわりに苦手意識をもっている生徒もいるので，トライやるとは異なる配慮も必要です。そのときは，幼児と中学生の人数が半々くらいのグループでハンカチ落としをしていました。幼児のほとんどは，ハンカチ落としは初めての遊びで，中学生が遊びながらルールを伝えていました。一人の幼児の後ろにハンカチが落とされ，周囲に促されてそれに気づいた幼児が，走り始めました。ところが，それが決まっている左回りでなく，右回りだったため，周りにいた大人は「あっ」と声を上げました。ところが，中学生は制止も注意もせず，ごく自然に，遊びながら正しい方向に向きを変えさせ，幼児は笑いながら中学生を追いかけました。

　そのとき，中学生は大人と幼児の間だから，幼児の感覚が残っていて「幼児と遊ぶ」ことができるんだなぁと感心したり，ちょっとうらやましかったりしたものです。

　保育者の立場に立つと，「教える」意識が自然とわいてきて，「一緒に遊ぶ」と言いながら「遊んであげる」「教えてあげる」ことだけが自分の役割であるかのように考えがちです。けれども，幼かったとき，年下の子どもと遊んで感じた一体感こそが，保育を楽しむコツではないかと思います。子どもと心がつながったときこそが，幼児理解の機会です。遊びを通して学ぶという幼児期の教育は，「子どもと遊ぶ」生活の中にあります。

第3章
子どもの生活と健康

　健康の三原則は栄養（食事）・運動・休養（睡眠）といわれています。これは大人も子ども同じです。しかしながら，現在の子どもの生活を見ると，大人同様の生活を送っています。ここでは，休養と運動について述べていきます。

1. 子どもの睡眠が大切なわけ

　生まれて間もない新生児は一日の大半が眠っている状態です。2～3時間ごとに覚醒し，睡眠と覚醒を繰り返します。このような睡眠を多相性睡眠といい，夜から朝にまとまってとる睡眠を単相性睡眠といいます。幼児の睡眠時間はおおよそ10～13時間くらいです。幼児期の就寝時間は，夜8～9時ごろに就寝し，朝7時ごろに目覚めるのがよいといわれていますが，現在の子どもの睡眠時間は少なく，夜型になってきています。幼児期は自分で律して就寝することは少なく，大人が寝る環境をつくらなければいけません。しかし遅くまでお店で飲食する姿やカラオケなどの娯楽に興じる親子の姿を見ます。発達において睡眠がいかに重要であるかを大人が認識することが大切です。
　では，睡眠はなぜ大切なのでしょうか？　図3-1から考えていきましょう。

第Ⅰ部　遊んで育つ子どもたち

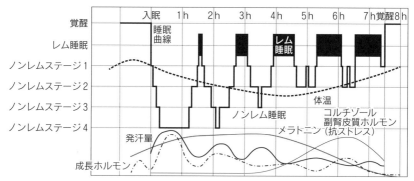

出典：http://sleep-natura.jp/suimin/post-115.html

図3-1　眠りのしくみ（レム睡眠とノンレム睡眠）

(1) レム睡眠とノンレム睡眠

睡眠には「レム睡眠（rapid eye movement）」と「ノンレム睡眠（non rapid eye movement）」があります。「レム睡眠」とは脳が比較的活発な状態で，眠りは比較的浅く眼球がよく動き，夢をみているときにみられる睡眠です。体を休めるための眠りです。一方，「ノンレム睡眠」は，ぐっすり眠っている状態で，脳を休めるための眠りです。入眠後の深い眠りのときに成長ホルモンが分泌され，筋肉や骨，脳神経などの成長を促しています。よく「寝る子は育つ」といわれるのもここからいえるのです。

これらの眠りは朝の起床時刻が近づくとレム睡眠がノンレム睡眠より長くなって，起きる体制をつくります。

(2) 睡眠時に大切なホルモン
①メラトニン

これは眠りを誘うホルモンで，朝起きて15時間後位に出てくるといわれています。また，抗酸化作用によって細胞の新陳代謝を促したり疲れを取ってくれたりして，病気の予防や老化防止に様々な効果をもつと考えられています。1～4歳では最も多く出るためメラトニンシャワーといわれ，この年齢の規則正しい睡眠が重要になってきます。

②セロトニン

　睡眠不足になると，セロトニンの分泌が制御されます。セロトニンとは脳全体の神経細胞の微妙なバランスを維持する大切な物質です。不足すると自律神経の乱れ，不安感，イライラして攻撃的になることもあります。最近キレる子どもが多いといわれるのも睡眠がかかわっているかもしれません。

③コルチゾール

　ストレスホルモンともいわれ，過度のストレスを受けると増加します。そうなると，セロトニンを減らしてしまうため，ぐっすり眠れなかったり，何か行動を起こそうとしてもやる気が起こらなくなったりします。こんな経験はないですか？　このように，睡眠は休養することに加えて，生命を健康に維持するためにとても大切なことになります。

(3) 良質な睡眠の条件

　では，良い睡眠の条件は何でしょう。それは「寝つき」「睡眠時間」「睡眠の深さ」「早い就寝」「すっきりとした目覚め」です。昼間の適度な運動は疲労感が得られ自然に寝つきやすくなります。そして朝目覚めたときに少し太陽などの光を感じる環境で寝ることですっきりと目覚めることができます。朝，外の光，太陽の光を浴びることで，体内時計をリセットできます。

　子どもの遅寝で問題なのが，寝る前に脳に刺激を与えるようなゲームやテレビ視聴です。静かな眠りの妨げになります。最近ではスマートフォンでゲームをしている子どももいるようですが，これでは興奮して，寝つきが悪くなります。さらに，テレビやスマートフォンの光は青色波長の光を放出します。寝る前に使用すると体内時計がうまく調整できず，寝つきや深い睡眠，睡眠時間の妨げになりますので，気をつけなければいけません。

　しかし，幼児期は自分で時間調整をすることは難しいので，大人が睡眠の重要性を認識し，生活環境を整え子どもが自然な眠りに誘えるような環境を整えることが不可欠です。それが寝つきや質の良い睡眠につながります。例えば，絵本を読んであげたり，素話をしたり，子守唄を歌ったりして，心地よい眠りに誘ってあげることが大切です。皆さんも小さい頃にしてもらった記憶がありませんか？　これは，睡眠の問題だけにとどまらず，親と子のコミュニケーショ

ンツールでもあり，親子が心を通わすことによって子どもは安心して寝ることができるのです。そのためには，親たちも望ましい睡眠についての知識と理解が必要で，子どもの生活を中心に考え，大人たちの生活も見直さなければなりません。ましてや夜遅くに商業施設に買い物に出かけたり，カラオケに興じたり，大人が出入りする飲食店で過ごしたりすることは考えものです。また，日常の睡眠不足を補うために休日などにまとまって寝る，いわゆる「寝溜め」は意味をなしません。睡眠時間は長さだけの問題ではなく質の問題です。毎日決まった時間に眠りにつく習慣をつけ生活リズムを整えることが健康に大きくかかわってくることを知っておいてください。

2. 子どもと運動遊び

(1)「運動遊び」と「体育」

　一般には運動することを，「体育」や「スポーツ」という言葉を用いることが多いですが，幼児期の場合は「運動遊び」という言葉が適しているように思います。なぜなら「体育」は小学校から用いられることが多く，「スポーツ」は小学校高学年以降に適した用語だからです。例えば，小学校の「教科体育」にはスポーツという言葉は出てきません。また，スポーツというとある特定の種目を指しているように思えます。小学校の低学年（1・2年）の領域構成をみると，器械運動は「器械・器具を使っての運動遊び」，陸上運動は「走・跳の運動遊び」，水泳は「水遊び」，ボール運動は「ゲーム」，表現運動は「表現リズム遊び」となっています。これは，幼児期から小学校へつなぐ接続の時期だからです。保育所や幼稚園を卒園した子どもたちが，4月に小学校へ入学したからといって急に発育や発達が成長するわけではありません。幼児期に十分に体を動かして，いろいろな運動遊びを行っていたならともかく，それほど体を十分に動かせていたとも思えません。小学校1年生になりある運動がすぐにできるということは不可能に近いです。幼児期に遊びの中から様々な動きを体得し，そしてその動きを運動的な要素につなげていくことが重要なのです。つまり，幼児期，児童期，中学，高校そして生涯にわたる豊かなスポーツライフの実現を目指すためには幼児期の運動遊びが大きく影響を及ぼすことになり

ます。

(2) 子どもの生活環境

　子どもを取り巻く環境が大きく変化していることは言うまでもありません。最近のCMをみても，便利で手間いらず，何もしなくても人間に代わって機械がすべてしてくれることをPRしたものが多くなってきていることに気がつきませんか？　確かにとても機能的で忙しい人にとっては便利です。あまり動かなくても効率よくできるものが多いように思われます。でも本当にこれで良いのでしょうか？

　この便利な生活とひきかえに，普段の生活の中で知らない間に体を動かす機会を失っていることに気づいているのでしょうか。便利ではなかった時代は，ある目的を果たすために身体や頭を駆使しながら生活していました。つまり普段の生活の中で様々な動きを獲得し，無意識に日常的に運動することを行っていたのです。スポーツジムに行かなくても，体操教室に通わなくても運動が好きな子ども，得意な子どもが育っていました。

　そして，子どもたちの遊びも大きく変化してきました。普段の遊び場は室内での遊びが年々増加しています。特に，テレビ，ビデオ，ゲーム機の遊びは年々増加しており，幼児期の遊びはゲームが主になっています。そのため遊ぶ場所も家の中が多く，遊び友だちも2～3人程度です。一方で，ボール遊びや自転車，鬼ごっこなど体を使った外遊びは減少しています。昔は遊び時間，遊び空間，遊び仲間がそろっていたら子どもの遊びは成立するといわれてきました。道路の整備されていない時代は，道は子どもたちの恰好の遊び場でした。もちろん公園もそうですが，空き地や原っぱなどは子どもたちの興味をそそる居場所だったのです。しかし，公園は老朽化が進み，点検が十分にできないことなどから閉鎖されたり，鉄棒，ブランコ，滑り台，雲梯などの固定遊具は取り外されたりしました。さらに，けがに対する大人の考えが大きく変化し，けがをした子ども，させてしまった子ども両方の親たちの言い分，そして管理側への要求や損害などの問題が起こり，いつしか公園は用具を使って遊んではいけないという規制まで出てしまいました。これでは，子どもたちは思いっきり遊ぶことはできません。

第 I 部　遊んで育つ子どもたち

図3-2　滞育症候群（木塚，2010）

　しかし，子どもたちに公園で遊んでいるかを聞いたところ，遊んでいると答え，人数も数人だというのです。では何をして遊んでいるのでしょうか。もうおわかりですよね。そうです，友だちと「公園」という空間を用いゲームを楽しんでいるようなのです。公園はそのように使用されているのかと苦笑してしまします。まるで並行遊びのようです。

　従来からいわれている「遊び時間」「遊び空間」「遊び仲間」の3つの間（サンマ）の問題に加え，ゲーム機器の普及，早期からの塾通い，さらには交通事情や環境問題，子どもを狙った犯罪等が子どもの遊びに大きく影響していると考えられます。その結果，子どもたちは思いっきり体を動かしてダイナックに遊ぶことができない状況におかれてしまいました。これらは「体育」ではなく「滞育症候群」（木塚，2010）となる可能性があります。滞育症候群とは，図3-2のように，3つの間の減少が引き金となり，運動経験の質・量が不足し，動けないから運動が好きではなくなり，結果的に動かなくなり，動かないからさらに動けなくなることをいい，体力や基本的な運動発達が停滞することを意味します。リハビリテーションに，用いることを廃するという，廃用症候群という言葉があります。身体を使わないと機能が退化し，退化すると疲れ，それを回避するために使わなくなるという循環です。結果，動くことが困難になってしまうのです。つまり，子どもにおきかえると育まれることが滞るということになります。

第3章　子どもの生活と健康

(3) 昔の子どもたちの遊び
①ガキ大将の存在と群れ遊び
　かつて子どもたちは外で群れて遊んでいました。その集団は異年齢であることが多く、その中にはガキ大将というリーダー的な存在がいました。ガキ大将は少し怖いイメージがありますが、結構心優しいところがあり、みんなをまとめてくれたりしたものです。年齢の上の子どもが下の子どもの面倒をみて、その場や人数、年齢にあった遊びを作り出していました。そしてそれらは下の子にも受け継がれていったのです。このように群れて遊ぶ中で、年上の子どもは年下の子の面倒を見たりしながら、年上の自覚を身につけます。また、年下の子どもは自分がしてもらって嬉しかったことを次の世代に継承していました。その中で、自分のわがままや勝手な行動が通らないことや人とのかかわり方、集団生活に必要なルールを学び、遊びの中で対人関係を実体験できたのです。
　遊び方もすべて大人から教わることなく自分たちで考え、いろいろな動きや遊び方を工夫することによって全身運動を行い、様々な運動能力を身につけていきました。しかし、このような遊びは先にも述べたように、現状においては難しいことは言うまでもありません。ただ、このままでは子どもの体のみならず、心が育つうえにおいても何らかの影響を及ぼしていることを考える必要があります。

②身近な素材で工夫する遊び：不便さのなかの豊かさ
　ある学会での話です。アジア圏の子どもの運動についてのシンポジウムがありました。ある国の子どもは、今の日本の子どものように恵まれた便利な環境には程遠い生活をしています。シンポジストがある国の子どもたちに鉄棒運動の指導する機会をもったとき、初めてみる道具に子どもたちは戸惑っていたようです。しかし、何をする道具なのか、どうやって運動するのか遊びながら教えたら、初めて見る鉄の棒に興味を持ち始め、みるみるうちに子どもたちは逆上がりを難なく成功させたそうです。どうやら普段の生活の在り方に違いがあったようです。その国の子どもたちは、家族の生活のために、水汲みや農作業、家事等、仕事の手伝いを日常的に行っていたのです。たったそれだけです。学校で運動することも、ましてやスポーツ教室に通っているわけではありません。車も道路も整備されていません。むしろ山道やでこぼこ道を歩いたり、走っ

たりして遊び，労働していました。こうした毎日の生活の中で自然といろいろな動きを体得し，巧みに動きをコントロールするなどの運動能力をつけていたのです。昔の子どもたちも，この国の子どものように家の手伝いをしたり，整備されていない道で戯れたり，遊び道具がなかったため廃材や自然を創意工夫して遊んだり，近所の子どもと自分たちでルールを決めて群れて遊んだり，そしてその時の光景や季節感は大人になっても鮮明に記憶に残るものなのです。今の子どもたちにも心に響く思い出を残してあげたいものです。

3. 運動遊びと子どもの育ち

(1) 幼児期運動指針

　子どもの体力の低下が大きな社会問題となっていることは言うまでもありません。その要因として，ライフスタイルや社会的環境の変化など子どもを取り巻く様々な問題があげられています。

　基本的な動きが身につく幼児期に体を動かす経験は身体的な発達や精神的，知的，社会的発達を促します。運動の必要性は感じながらも具体的な方法や，幼稚園や保育所（園），保護者など子どもにかかわる人たちと共有する必要があります。

　文部科学省は，2012年に「幼児期運動指針」を策定しました。指針には「幼児は様々な遊びを中心に，毎日，合計60分以上，楽しく体を動かすことが大切です！」とあり，その推進にあたり，3つのポイントを示しました。

①多様な動きが経験できるように様々な遊びを取り入れること

　多様な動きは，感覚を手がかりとして，目的に合うように動きを調整する能力につながり，個々の動きがやがては統合された運動につながっていきます。つまり，遊びを中心とした幼児期の多面的な動きが基礎となりその後の運動・スポーツに大きくかかわってきます。領域「健康」のねらいにもあるように，自分のからだを十分に動かし，進んで運動しようとする気持ちを理解し，特定の運動に偏ったり，出来ばえや結果にとらわれたりせず，楽しく身体全体を使った運動遊びをすることが大切です。

②楽しく体を動かす時間を確保すること

　毎日，合計60分というのは，60分間続けて何か特別な運動をするということではなく，1日を通して運動や遊び，お手伝いなど日常生活で行っている活動を意識して子どもたちが進んで活動することなのです。体育的な活動を取り入れることや，専門の指導者を招いて特別なことを実施しなければいけないと思わず，この内容の意味を正しく理解し，日々の生活の中で取り組むことが求められています。

③発達の特性に応じた遊びを提供すること

　幼児期の発達をしっかり捉え，特性に応じた活動を提供することによって，自発的に取り組む姿勢を育てることにつながります。幼稚園や保育所（園）だけでなく，家庭においても親子で一緒に体を動かす時間や楽しさを確保することが重要といえます。幼児期に経験した多様な動きは，これから生涯にわたって運動やスポーツを楽しむための基盤となります。

　赤ちゃんの発達でもいえるように，最初から歩いて，動けることはありません。親はわが子に寝返りができたとき，ハイハイ，つかまり立ち，そして歩くようになるまでの成長には非常に関心が高く，できたことを一緒に喜び合います。しかし，ある程度成長すると，さらに期待度が高くなり，目に見える成果にとらわれてしまいがちです。また他の子どもと比べ，できなかったときには叱責してしまうことがあります。幼児期は，心と体を一体として育ち，目には見えない土の下でしっかりと根を張っている時期でもあります。急いで結果を出すことは望まず，焦らずじっくり一人ひとりの育ちをしっかり応援し，これからの成長を見守っていきたいものです。

(2) 幼児期はなぜ大切なのか

　幼児期に体を動かすことがなぜ重要なのでしょうか。スキャモンの発育発達曲線（図3-3）でもわかるように，幼児期の神経型は発育の早い時期から発達し，3歳児で成人の約60％，6歳頃までには約90％まで達するといわれています。運動をうまく行ったり，自分の思うように動きを調整したりするのは神経系の器官が基盤となります。また，大人と同じような多様な動きを獲得することもできます。しかし，大人と同じように動きをスムーズに行ったり，力強

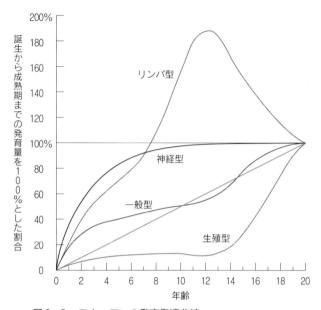

図3-3 スキャモンの発育発達曲線（Scammon, 1930より）

い運動をしたりすることはできません。単に運動能力の向上や運動の技術を獲得することを考えるのではなく，遊びの中でいろいろな動きを経験し，自分の思う動きをコントロールできるようにすることが大切です。プレ・ゴールデンエイジといわれる5～8歳に基礎的な動きを十分に行うことは，その後のゴールデンエイジへとつながり，やがては児童期以降のスポーツや技術の習得がスムーズにでき，楽しさを見出すことができるのです。子ども自身が楽しいと感じ，またやってみたいと思うことが意欲につながっていくのです。

(3) 運動遊びで学ぶこと

　運動遊びが身体活動を促し，健康な体をつくることは言うまでもありませんが，同時に自らが意欲的に物事に取り組む心や態度も育まれます。

　子どもに限ったことではありませんが，体を思いっきり動かしたり，自然の中で友だちと遊んだり運動遊びを行うことは，心を解放することができ，心理的欲求を満たすこともできます。特に日常生活において制限の多い子どもたちにとっては，束縛のない自由な空間や時間を過ごすことができます。また，友

だちと遊ぶ中で，感情をコントロールし，仲良く遊ぶために周囲と協調するなどのコミュニケーションや社会性，道徳性も学ぶことができます。さらに，距離などを認識する空間概念や，速い遅いといった時間的概念，数値を認識する数量概念も運動遊びの中で自然と獲得しているのです。このように運動遊びは，子どもにとって意味のある大切な活動であることをしっかり捉えておきましょう。

(4) 運動好きな子どもを育てるには

　乳幼児期は好奇心が旺盛です。自分の興味のあるものを見つけると自ら試みようとします。また，友だちや保育者の動きを真似，これまでに経験しなかった動きに挑戦しようとします。大人から見ると危なく，ひやひやすることもあり，つい「ダメ！」「やめなさい」といった禁止的な言葉を発したり，先回りしたりして危険をとり除こうとします。そうすると子どもは何がいけないのか，何が危ないのかを理解しないまま育ち，やがてはその動きをしなくなる可能性があります。けがは避けたいものですが，小さなけがを経験することによって，とっさのときに身を守る動きや，自分で危険を回避することを学びます。そのような経験がないままに過ごすと大きなけがにつながってしまう恐れがあります。親や保育者は子どもの力を信じ，そっと見守り寄り添うことが大切です。

4．おわりに

　子どもを見ていると，何かができた瞬間，満足した表情で親や保育者を見ます。これは，自分で「できた」ことを伝えているのです。このときに大人は「できた」ことを認めたり，褒めたりして子どもと一緒に喜びを共有することが重要です。そうすると子どもは「自分はできるんだ！」という気持ちがもて，それが自信になり，「またやってみよう！」という思いがもてます。もし，大人が子どものやろうとしている行動を阻止したり，できなかったときに否定的な言葉を発したりすると自信がもてなくなり無力感を抱き，運動をしなくなるおそれがあります。つまり，動くことが苦手になり運動嫌いの子どもを育ててしまうことになりかねません。子どもの小さな行動に目を向け，できていること，

できるようになったことを見逃さず，肯定的な声かけを心がけ，運動することが好きな子どもを育てたいものです。

Column 3
「早寝早起き朝ごはん」国民運動

　子どもの生活リズムの乱れが問題となって久しくなります。生活リズムの乱れで特に問題になっているのは，朝ごはんの欠食，就寝時刻の遅さ，運動・遊びの減少などです。特に起床時間や朝ごはんの欠食は，一日の生活の過ごし方に影響を及ぼします。泉・前橋（2010）は，2005～2007年に保育園に通う５，６歳児を対象に，朝ごはん摂取の有無と就寝時刻，起床時刻や起床時の様子，排便との関係を調査しました。その結果をみると就寝時刻は，朝食摂取群は午後９時30分位で朝食欠食群は午後９時52分位でした。睡眠時間も朝食を食べていない子どもは睡眠時間が短いという結果でした。また起床時の様子も朝食を食べている子どもは，自分で起きることのほうが多く，朝も機嫌がよいこともわかりました。排便も同様で，朝食を食べる子どもは朝，排便していますが，食べていない子どもの半数は朝以外の時間にしていることがわかりました。

　平成18年度に文部科学省は「子どもの生活リズムの向上プロジェクト」を発足し，同時に「早寝早起き朝ごはん」全国協議会も設立しました。このきっかけとなったのは平成12年度の幼児健康調査によって，１，２歳児の半数以上が夜10時以降に就寝している結果によるものです。この問題は子どもだけで解決できるものではないため，家族や社会全体の問題として子どもの生活習慣を改善していこうという願いがこのパンフレットに盛り込まれました。そうして平成22年の調査では大きく改善されました。これからも問題意識をもって生活してほしいと願っています。

出典：「早寝早起き朝ごはん」全国協議会　http://www.hayanehayaoki.jp/download.html

「早寝早起き朝ごはん運動」のパンフレットの一例

第4章
子どもの遊びという文化

1. 遊びの限りない豊かさ：1枚の絵を見る

　ネーデルラント（現在のオランダ）の画家，ピーテル・ブリューゲル（Bruegel, P.）が，1560年に描いた「子どもの遊び」という絵では，市役所前の広場に，数えきれないほどの子どもが集まり，多種多様な遊びを楽しんでいます（図4-1）。一説によれば，この絵の中には，詳細がわからないものを含めると，100種近くの遊びが描かれているといいます（森，1981）。500年以上前の外国で描かれた絵なのにもかかわらず，私たちもしたことがある遊びが多いことに気づかされます。ありあわせのものだけで，ほとんど無限の遊びが展開できる。遊びを生み出す子どもの想像力の豊かさは驚くべきものです。なぜ，子どもたちは，これほどまでに多くの遊びを創りだし，そしてそれに没頭してゆくのでしょうか。

2. 遊びの「反対」は何だろう？

　「遊びとは何か」を考える手がかりとして，遊びの「反対」を考えてみましょう。「仕事」でしょうか？　現在では，子どもが仕事，労働をすることは，かなり制限されています。ところが，近代以前，子どもは，家庭にとって，地域

第4章　子どもの遊びという文化

図4-1　ピーテル・ブリューゲル「子どもの遊び」(1560年)

社会にとって，欠かすことのできない大切な労働力，生産力でした。ところが，近代になると，子どもは，労働・生産の場，すなわち地域社会から，学校という教育をするための空間に囲い込まれるようになりました。子どもは，将来の生産性を高めるために，「教育」を受けるべき存在だと考えられるようになったからです。子ども期は，教育を受けるべき時期である，だから，労働してはならない，と考えられるようになったのです。ですから，「遊び」は，ある点では，「(学校)教育」の対義語としても使われることがあります。学校は，「遊び」に行く場所ではなく，「勉強」をしに行く場所なのです。

　「教育」や「勉強」は，現在の欲動を我慢して，将来のために行われるものだと考えられています。大人になってからの，成長をしてからのために，準備をしているのです。「教育」や「勉強」は，今より，未来のために，ここではなく，いつかどこかで重要になることを身につけるために行われるものだと考えられています。それに対して，「遊び」では，何より，「今，ここ」で楽しむことが目的とされます。「教育」が，何かしらの「目的」に向かっていくのに

41

対し、「遊び」は、何も目的をもちません。

「教育」という視点からみると、「遊び」には「良い遊び」と「悪い遊び」が区別されてきます。大切なことは、遊びが「良い」か「悪い」かを決めているのは大人の側だということです。大人が、ある遊びが「良い」か「悪い」かという判断をするときの基準になるのは、「教育的価値」というものです。大人とは、教育をする側に立つ人間です。「教育的価値」からすると、「良い遊び」の例は、パズルを使った数遊び、絵本を使った文字遊びなどでしょう。ところが、大人たちが「教育的価値」を振りかざさなくとも、子どもたちは遊びます。しかも、完全に自分たちの意志で！

3. ヒトはなぜ遊ぶのか：遊びの古典理論と近代理論

ヒトを、遊びに駆りたてるものは何なのか？　遊びについての理論の歴史をまとめた心理学者エリス（1973/2000）は、19世紀以前に唱えられた遊び理論を、「遊びの古典理論」と呼びます。ここでは、①剰余エネルギー説、②本能説、③準備説、④反復説、⑤気晴らし説の5つを見ていきましょう。

①剰余エネルギー説

剰余エネルギー説の元祖とされているドイツの詩人シラー（Schiller, F.）や、ドイツの哲学者グロース（Gross, K.）は、遊びを、「あふれるばかりのエネルギーの目的のない消費である」と定義しました。エリスは、このような考え方を、「剰余エネルギー説」と呼んでいます。生きていくために必要とされる以上のエネルギー（剰余エネルギー）を、強制的に放出するとき、遊びは生じてくるとする考え方です。ただ、この考え方の問題点は、子どもたちは、疲れ切っているときも遊ぶのはなぜか、ということを説明できないことにあります。

②本能説

本能説は、人間が遊ぶのは、それが人間の本能であるからだ、とする考え方だとエリスは述べています。アメリカの心理学者ジェームズが唱えました。遊びの中には、人間がもっているほとんどの運動メカニズムの活動が含まれているというのです。ただ、この理論の難点は、人間が、どんどん新しい遊びを産み出していく理由を説明できないことです。というのも、本能という、生まれ

つき遺伝によって獲得されるものは，たかだか数世代，数十年では大して変化しないと思われるのに，ここ数十年で，数限りない新しい遊び方が生み出されている事実を説明できないのです。

③準備説

準備説とは，遊びは大人になってからの生活のための準備である，とする考え方です。子どもは，遊ぶことによって，不完全な状態で獲得した，本能的な行動を事前に練習しておくのだ，というのです。ただ，この理論にも難点があります。遊んでいる子どもは，遊びの中でしている行動が，将来，大人になったときに役に立つかどうかを，どのようにして知るのでしょうか。遊びが成人生活の準備となるためには，将来，どのような行動が必要となるのかを，子どもは正確に予知していなければならないことになります。さらに，準備説に立つと，すでに成長してしまった大人がなぜ遊ぶのかをまったく説明できません。

④反復説

反復説とは，遊びとは，人間が，その種の発展の歴史の中で獲得してきた様々な活動を，成長の中で，子どもは遊びとして繰り返していくとする考え方です。アメリカの児童心理学者ホール（Hall, G. S.）らが唱えました。この考え方の背景には，生物，特に動物の発達過程は，種としての進化の歴史を反復するという考え方があります。人類が，爬虫類，両生類，魚類という進化の系統樹を辿ってきたように，母体内の胎児も，爬虫類に似た姿になったり，魚類に似た姿になったりを経ながら，最終的に人間の形になる，という，「個体発生は，系統発生を繰り返す」とする，動物学者ヘッケル（Haeckel, E.）の考え方です。

反復説によれば，子どもが石を投げたり，棒を振り回したりして遊ぶのは，原始人が狩りをしていた頃の進化の過程を繰り返しているということになります。きわめて魅力的にみえるこの説の難点は，なぜ，子どもたちは「追いかけっこ」をして狩りを反復し，「どろだんご」作りをして土器の製作を反復するのに，火打ち石を使って火をつけることを反復しないのかを説明できないことです。ある種の「忘れられた活動」が現れて，現れない活動もあるということが説明できません。加えて，この説のさらなる弱点は，「現代の科学技術を利用するおもちゃ」での遊びに子どもが熱中するのはなぜかを説明できないことです。

⑤気晴らし説

　気晴らし説とは，遊ぶことによって，人間は，労働から回復できる，つまり，遊びは「元気回復剤」だとする考え方です。ただ，この説は「労働」していない子どもが，あれほど活発に遊ぶのはなぜかを説明できません。また，働いていない人も遊ぶのはなぜか，説明できません。さらに，気晴らし説では，仕事と遊びの両方で同じようなことをしている人（例えば，漁師さんの趣味が魚釣りなど）が，なぜそのようなことをするのか説明できません。

　遊びの古典理論は，「人間は，なぜ遊ぶのか」という疑問に対する答えを探し求める中でつくられてきたものです。遊びが生じてくる究極の「原因」を探ろうとしていたのです。古典理論は，どれも一見，魅力的ではありますが，致命的な欠陥がいくつも指摘されてきました。この「失敗」を踏まえて，20世紀以降に唱えられた遊び理論は，「なぜ遊ぶのか」という問いを封印したのです。
　「遊びの近代理論」は，「遊びは，遊ぶことそれ自体が目的である」と考えるようになります。そして，遊びの結果，何が生じてくるのかをみようとします。
　エリスのいう「遊びの近代理論」の中から，精神科医のフロイト（Freud, S.）と，発達心理学者のピアジェ（Piaget, J.）の考え方を紹介しておきましょう。フロイトは，遊びの中で，思い通りにならないことを遊びの中に取り入れて，自分なりに再現することで，周りの環境との間に折り合いをつけているのだと考えました。フロイトのような，遊びによって，子どもは周囲の環境とのかかわり方を身につけていくのだという考え方は，ピアジェの遊びに関する理論の中にも取り入れられています。ピアジェは，遊びとは，子どもが自分の思い通りに現実を様々につくりかえようとすることだと考えました。周囲の環境，現実に，自分なりに働きかけて，自分の思うようにデザインしていく（同化する）ことだというのです。ピアジェにとって，遊びとは，何より周囲の世界を理解することなのです。
　このピアジェ流の考え方は，現在の幼稚園・保育園・認定こども園における保育についての基本的な考え方の中にも取り入れられています。日本の幼児教育・保育は，「遊びを中心とした保育」だとされています。子どもにとって，「遊び」と「学び」は区別できない。子どもは，遊びながら学び，学びながら遊ぶ。

子どもにとっては，遊びとは，周囲の世界とのかかわりであり，そのかかわりの中で，周囲の世界について学んでいくと考えられているのです。

4. 文化としての遊び：ホイジンガとカイヨワの遊び論

　ここからは，遊びとは何かという問いについて，歴史的に考察した二人の人物についてみていきましょう。一人目のホイジンガは，オランダの歴史学者です。中世ヨーロッパの一般民衆の暮らしぶりを克明に描いたことで知られています。1938年に刊行された著書『ホモ・ルーデンス』(ホイジンガ，1938/1973)で，彼は，遊びという視点から，人類史を描き出そうとしました。ホモ・ルーデンスとは，ホイジンガの造語で，「遊ぶ人間」という意味です。ホモ・ルーデンスという名前には，人間は遊ぶからこそ人間になる，人間とは「遊ぶ存在」なのだ，という，彼の人間観が込められています。彼は，人間がもつあらゆる文化の萌芽を，遊びの中に見出そうとしています。

　さて，彼は，遊びには，基本的な3つの特徴があると考えました。

　第一に，「自由であること」です。自由さがなければ，遊びではない。何かに拘束され，強制されている状態では遊べない。遊びは，しなくてもいいもの，「余計なもの」です。遊びたいと思うのは，単に，「遊びが楽しいから」であり，それ以外に理由はありません。

　第二に，「非日常性があること」です。日常の，毎日の生活の単調な繰り返し，ルーティン，習慣の中にはない何ものかを遊びはもっている。遊びは，生活上の必要性を満たすためには何の意味ももちません。

　第三に，「完結性・限定性があること」です。遊びは，それが行われる場所も時間も，厳格に決められています。そして，遊びの空間と時間の範囲内でだけ，遊びは行われるのです。その範囲の中では，絶対的なルール，秩序が支配しています。

　これらの3つの特徴は，遊びが，日常生活から切り離された，「現実とは違う」振る舞いだということを示しています。言い方を変えれば，遊びは，遊んでいる人間が「これは遊びだ＝本当・本気ではない」という認識をもつことが求められてきます。鬼ごっこに興じる子どもが，鬼となった大人から「捕まえ

て食べちゃうぞ！」と言われたとき，本当にその大人に拉致され，殺されて食べられてしまうかもしれない，と思ってしまったとしたら，そもそも「遊び」にはなりません。遊びは，つねに「これは本当・本気ではない，ウソだ」というメッセージを発しながら行われているのです（ベイトソン，1972/1986, p. 272）。

　さて，ホイジンガは，遊びと，宗教的な儀礼や祭りが結びついていった過程について説明しています。彼によれば，祭りとは，過去に起こったことを再現し，自分が生きている世界の中に，自分が間違いなく存在するという事実を確認するものです。ホイジンガは，祭りが，この世界の始まりと，人間の始まりを再現するものだと考えています。そして，遊びは，この祭りと結びついたものだというのです。遊びも祭りも，日常生活の秩序の外で行われ，それが終わった後には再び日常が戻ってくる。そして，日常生活のマンネリから私たちを救い出してくれるのです。

　ホイジンガが，遊びはどのように文化の創造にかかわっていったのかを重視したのに対して，フランスの社会学者カイヨワ（1958/1990）は，遊ぶことで，遊んでいる人間は何を体験しているのかに注目しました。

　カイヨワは，遊びとは，「聖なるもの」と「俗なるもの」との中間に位置するものだと捉えました。「聖なるもの」とは，カイヨワによれば「日常性への違背・侵犯」です。私たちの日常の生活を脅かすような恐ろしい力をもった存在です。「聖なるもの」は，興奮，熱狂，混乱，暴力，破壊のような形をとって現れます（カイヨワは，現代において，聖なるものは，戦争のような形をとって現れると考えていたようです）。「聖なるもの」が現れると，私たちの日常的な生活は活性化し，生まれ変わりますが，彼の言うような戦争や大災害が頻繁に起こっていたのでは，誰しも生き延びるのすら難しくなってしまいます。かといって，日常性がマンネリ化してしまったのでは，生きる意味を見失ってしまいます。

　そこで，カイヨワは，「聖なるもの」から，緊張や恐怖を取り去ったうえで，それでもなお，興奮や解放感を与えてくれ，私たちを元気にさせ，生きる意味を実感させてくれるものとして，「遊び」があると考えたのです。日常世界とは違った興奮や解放感を得ることが遊びの意味なのですから，遊びは日常のしがらみから「自由」であり，何も生み出さず，フィクションを楽しむようなも

のになるというのです。そして，この楽しみは，何より，「誰かと一緒に遊ぶ」ことによって感じられると彼は考えました。

　カイヨワは，遊びを，次の4つに分類しましたが，どれも，「仲間」と一緒に遊ぶことで，本来の快楽を味わうことができるものです。

①アゴーン（競争）：誰かと競い合う遊び。例えば，運動，スポーツ（サッカー，ボクシング，フェンシング，チェスなど）です。
②ミミクリ（模倣）：自分自身のキャラクターを捨て去り，誰か別のキャラクターになりきる遊び。例えば，ものまね，ごっこ遊びです。
③イリンクス（目眩）：現実的な知覚を破壊して，遊び手をパニック状態に陥らせる遊び。例えば，ブランコ，ワルツ，メリーゴーランドなどがあります。現在においては，絶叫マシンはイリンクスの遊びに入るでしょう。
④アレア（偶然）：遊び手の力がまったく及ばないものに決定をゆだねてしまう遊び。例えば，くじ引き，ルーレットです。

　カイヨワは，ホイジンガが，遊びと文化の共通性を強調するあまり，遊びの中にアレア，つまり「偶然」の要素が入っていることを見落としている，と批判しました。例えば，イリンクス（目眩）やアレア（偶然）の遊びは，社会にとって有意義な文化を創り出すことにはほとんどかかわりをもちません。しかしながら，カイヨワは，偶然の遊びこそが，かつての「占い」につながる，宗教的な意味をもっていると考えています。

　カイヨワは，遊びは，とにもかくにも，日常的な生活，現実の世界から対立するものであると考えていました。ですから，遊びが，日常生活の中に入り込んでしまうことがあれば，遊びは「破滅」してしまうと考えました。例えば，ボクシングを「仕事」にしたプロボクサーは，もはや，ボクシングで「遊んでいる」とはいえないというのです。プロボクサーにとって，試合に勝つことは，生活のために必要なことであり，勝つことだけが絶対の目的になってしまうからです。遊びが日常生活の中に溶け込んでしまった瞬間，何か別の目的のために遊びが行われるようになった瞬間，遊びがもたらしてくれる快楽や満足は消え去ってしまうとカイヨワは警告しています。

このように，ホイジンガとカイヨワは，遊びが，ユニークなルールに制約されながら，非日常的な時間・空間の中で行われるものだと考えたのです。

5. 遊びの「古さ」と「新しさ」を見つめる

日本の民俗学者・柳田国男もまた，子どもの遊びの中に，大人の遠い過去の世界の痕跡（こんせき）を見出そうとしました。柳田は，「子どもの遊びには遠い大昔の，まだ人間が一般に子どもらしかった頃に，まじめにしていたことの痕跡がある」と言います（柳田，1976，p. 35）。

ただ，柳田は，子どもたちが保守的で，ただ昔のものを遊びの中で守り続けているとは考えていませんでした。子どもたちは，古いものを遊びの中に残しながらも，どんどん新しい要素を，そこに付け加えていくのです。「児童は私が無く，また多感である故に，その能力の許す限りにおいて時代時代の文化を受け入れる。古く与えられたものでも印象の深さによって，これを千年・五百年の後に持ち伝えるとともに，いつでも新鮮なる感化には従順であった。そうして常に幾分か親たちよりも遅く，無用になったものを棄てることにしていたらしい」（柳田，1976，p. 89）。柳田は，子どもたちが新しい要素を遊びの中に取り入れながら，ゆっくりとしたペースで古いものをそぎ落としていっていると考えました。

例えば，柳田は，オニゴト（鬼ごっこ）は，もともと，神の力と功績を讃（たた）えるために，大人たちが行っていた演劇であったと考えました。その演劇を見ていた子どもが，面白いのでその儀式をまねて遊びの中に取り入れてしまい，それが後世に，形だけ残ったものが鬼ごっこだというのです。子どもの遊びの中には，かつて大人が行ってきた，宗教的な儀礼，行事の模倣が含まれているといいます。かつては，神を讃えて祀（まつ）り，神の意志を聞くための儀礼だったものが，子どもに模倣され，時代の流れの中で，徐々に宗教的な意味が失われていったものが遊びだというのです（福田，1993）。ただ，鬼ごっこが「けいどろ」というように趣（おもむき）を変え，現代的な要素を織り込みながら，現在も変化を続けていることは周知の通りです。

ホイジンガは，遊びの中から，宗教的・文化的な儀礼が生み出されたと考え

第4章　子どもの遊びという文化

出典：「都年中行事画貼」国際日本文化研究センター
図4-2　鬼払いの儀式「追儺(ついな)」（吉田神社）
「鬼ごっこ」「豆まき」のルーツなのだろうか

ましたが，柳田は逆です。宗教的・文化的な儀礼が，その形式を保って保存されているもの，「先祖の記憶」がカプセル化されているものこそが「遊び」だと考えたのです。

「新しい遊び」が，「古い記憶」から産み出されてきていることは，宗教学者の中沢新一も指摘しています。中沢は，1996年の発売から，大ブームを引き起こした任天堂のゲーム「ポケットモンスター」について考察しています（中沢，2004）。彼は，このゲームの中で，150種類に及ぶ「ポケモン」を集め，コレクションしていくのに熱中している子どもたちは，かつて，自然の残る都市の郊外で「虫取り」に興じていた少年と同じ興奮を味わっているのではないか，と述べています。中沢は，ポケモンに熱中してから，リアルな世界で，突然ポケモンが飛び出してくるのではないかという錯覚に襲われたという子どもの言葉を引用しています。2016年，社会現象にまでなった「ポケモンGO」は，ポケモンの出現スポットに実際に出向かなければ，ポケモンを捕獲できないという点で，20年前の子どもの「錯覚」を，現実のものにしてしまいました。ポケモンに興じる子どもにとっては，もはやバーチャル世界と，身体が位置し生活するリアルな世界は，相互に入り組み，浸透(しんとう)し合っています。1980年代のテレビゲームの出現によって分断(ぶんだん)されたかに見えた，バーチャル世界とリアルの世界

49

は、「ポケモンGO」の中では、すでに分かちがたく結び合わされているのです。

　テレビゲームをはじめ、その時代の新しい遊びは、とかく「大人」の側からの批判の的になってきました。私たち「大人」は、新しく登場してきた遊びを、ただ単に、自分がしたことがない、知らないというだけで否定するのでは、子どもがなぜ、その遊びに惹かれ、そこで何を体験しているのかにまで、思いをめぐらすことができません。子どもの遊びの中には、大人からは計り知れない歴史の重み、文化の形式が保存されているかもしれない、と考えたなら、もっとじっくり子どもの遊びを見つめ、一緒に遊びたくなってきはしないでしょうか。

第4章 子どもの遊びという文化

Column 4
松蔭おかもと保育園

　神戸松蔭女子学院大学人間科学部に子ども発達学科が設置されて以来，授業・研究の場や実習園として，是非とも附属の幼児教育施設が欲しいと切望してきました。
　2015年4月，六甲にある大学からほど近い岡本に幼保連携型こども園として，念願の松蔭おかもと保育園が誕生しました。生後6か月から就学前までの子どもを預かる定員66名のこども園です。
　授業での見学，保育実習や教育実習，研究や研修の共同など，相互協力のもとに運営しています。また，卒業生の就職先として採用枠を設けて，現在保育教諭8名，管理栄養士1名の合計9名の卒業生が就職しています。授業や実習でお世話になる学生にとっては先輩方の姿は良い目標となっています。
　保育・教育現場へ就職する学生には附属でのボランティアや保育補助のアルバイトは良い学習の機会となっています。
　以下は，ボランティアや，アルバイトの在学生の声です。

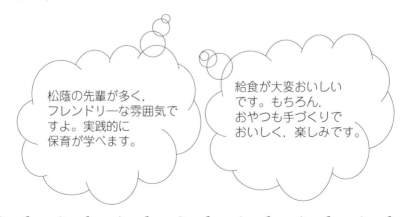

松蔭の先輩が多く，フレンドリーな雰囲気ですよ。実践的に保育が学べます。

給食が大変おいしいです。もちろん，おやつも手づくりでおいしく，楽しみです。

第Ⅰ部　遊んで育つ子どもたち

第5章
保護者と家庭への支援
―その仕組みと相談援助の留意点―

　近年，核家族化に加え，地域のつながりの薄さや親族との関係の薄さが指摘され，祖父母や地域の人や親族の援助が得られない状況が生まれています。例えば，母親の短期間の入院でも以前は地域や親族が面倒をみてくれていましたが，現在はそれが難しい状況が生まれています。子育ての負担が，母親一人にかかり，育児不安や育児疲れに陥っている母親が多いことが指摘されています。そうした中で，特別な家庭だけでなく，すべての子育て家庭に対して，援助する必要性が生まれてきました。また，子どもの人権が著しく侵害される児童虐待も深刻化し，近年，その相談件数が激増しています。こうした現状から，今日，社会全体で子どもを健全に育てていくことが求められ，しつけや育成の相談などの相談支援から児童虐待の相談に至るまで，地域において相談支援体制の仕組みができています。

1. 子ども・子育て新制度

　1989（平成元）年，わが国の合計特殊出生率が史上最低の1.57人を記録しました。これを機に，わが国では育児不安，児童虐待など，子育てにかかわる課題への取り組みが始まりました。「エンゼルプラン」（1994年），「少子化対策推進基本方針」「新エンゼルプラン」（いずれも1999年），「少子化社会対策大綱」

(2004年)等，次々に対策が出され，「次世代育成支援対策推進法」(2003年)によって，子育支援は国民の義務となりました。その後に出された「子ども子育て応援プラン」「子ども・子育てビジョン」によって，子育て支援は地域を巻き込んだ包括的な支援へと進展しました。子どもと親になる次世代を含めて，社会全体で子育てを支える仕組みづくりが本格化し，さらに「新しい少子化対策について」(2006年)，「子どもと家族を応援する日本」「仕事と生活の調整のための行動計画(ワークライフバランス)」(2007年)，「待機児童ゼロ作戦」(2008年)など今日的重点課題への取り組みが行われ，「子ども・子育て支援法」(2012年)が制定され，「子ども子育て新制度」(2015年)が施行されました。この新制度によって，保護者の仕事と子育ての両立支援，子どもの育ちと保護者の子育ての支援とともに，すべての子どもに幼児期の質の高い学校教育と保育を総合的に提供する新たな社会システムの構築が行われることとなりました。

2．新制度における子育て支援

　図5-1は，子ども子育て新制度の概要を示したものです。この図は，支援の給付の仕組みを示したものですが，従来の幼稚園，保育所に加え認定こども園が新たに設置され，子どもの保育・教育とともに保護者の子育てを支援する役割が付加されています。また，小規模保育，家庭的保育，居宅訪問型保育，事業所内保育等も，主には保護者の就労と子育ての両立支援が行われています。地域においては，様々な地域支援事業が展開されています（詳細は後述）。

3．身近な子育て支援機関

　子どもの抱える問題の解決を支援していくためには，子どもだけを支援するだけでは困難です。なぜなら，子どもは環境から大きな影響を受けているからです。そのために，子どもを取り巻く環境，特に大きな影響を与えている家庭や保護者への支援は重要です。ここでは家庭や保護者への支援方法や支援機関の内容と相談を受けた場合の留意点などを考えていくことにします。

第 I 部　遊んで育つ子どもたち

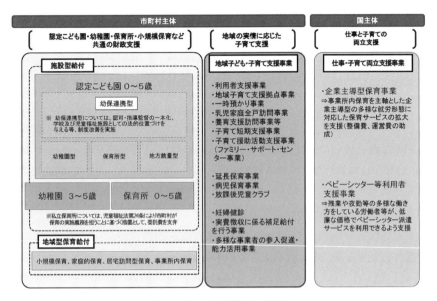

図5-1　子ども・子育て支援新制度の概要（内閣府, 2017）

（1）保育所・認定こども園

　家庭内では解決が難しい問題や子育てに関する相談を身近で受ける機関としては，主に乳幼児に関することでは保育所・認定こども園があります。保育所は地域の家庭を支援する役割も担うことになっています。児童福祉法第四十八条の四は，「保育所は，当該保育所が主として利用される地域の住民に対してその行う保育に関し情報の提供を行い，並びにその行う保育に支障がない限りにおいて，乳児，幼児等の保育に関する相談に応じ，及び助言を行うよう努めなければならない」と定め，その2において，「保育所に勤務する保育士は，乳児，幼児等の保育に関する相談に応じ，及び助言を行うために必要な知識及び技能の修得，維持及び向上に努めなければならない」と努力義務を課しています。また，認定こども園も，保育所と同様，保護者への子育て支援が業務内容とされています。

　保育所・認定こども園における保護者に対する支援には，大きく次の2つがあります。そのひとつは，入所（園）している子どもの保護者に対する支援です。もうひとつは，保育所・認定こども園を利用していない子育て家庭も含め

た地域における子育て支援です。前者に関しては，本来業務としてその中心的な機能を果たします。また，後者に関しては本来業務に支障のない範囲において，日々子どもを保育し，子どもや保育に関する知識，技術，経験を豊かにもっている保育所・認定こども園が，保護者や子どもとの交流，保護者同士の交流，地域の様々な人々との交流を通じて，その特性を生かした活動や事業を進めています。また，他の関係機関，サービスと連携しながら支援していきます。

(2) 市町村

　平成16年までは，子どもや家庭についての公的な相談援助機関は児童相談所が一手に担っていました。しかし，平成に入ってから児童虐待の相談の受理件数が激増していく中で，児童相談所がすべての相談を受けることは効率的ではなく，また住民に身近な市町村も相談の窓口になる方が住民にとっても利用しやすいことから，平成16年に児童福祉法が改正され，市町村が相談窓口に追加されました。そして，市町村は一次的な相談機関として位置づけられ，専門的な知識や技術が必要な相談は児童相談所が受理する仕組みに変わりました。法律的な役割は明確化されましたが，実際には相談する側が自分の相談がどちらに当たるのか判断できないため，どちらに相談してもよいことになっています。

　市町村は相談を受けると調査を行い，それをもとに支援の方法を考えます。要保護児童の相談など市町村単独の機能だけでは解決が困難な場合や効果的な支援が難しい相談もあるので，多様な機関が連携したネットワークで対応するようになっています。この組織は「要保護児童対策地域協議会」と呼ばれます。

　この協議会は，関係機関の代表者による会議（代表者会議），実際に実務を行っているものが集まる（実務者会議），個別の要保護児童等について，直接かかわっている担当者や今後かかわる可能性がある関係機関等の担当者によるケース会議（個別ケース検討会議）の三層構造となっており，実際に支援活動に直接かかわる個別ケース検討会議では，要保護児童等の状況把握，問題点や課題の確認などが検討されます。そして，学校や幼稚園，保育所などもその一員に位置づけられています（図5-2）。

　また，市町村は，相談援助事業の他，児童の健全な育成に資するため，その区域内において，①放課後児童健全育成事業，②子育て短期支援事業，③乳児

第 I 部　遊んで育つ子どもたち

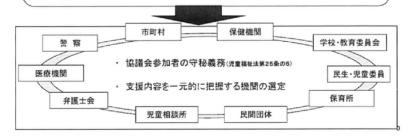

図5-2　子どもを守る地域ネットワーク（厚生労働省，2007）

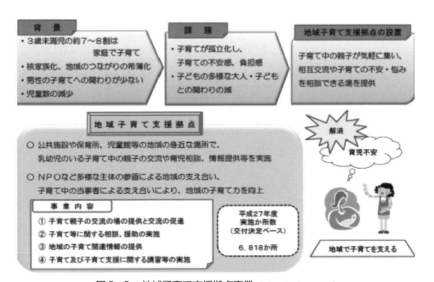

図5-3　地域子育て支援拠点事業（厚生労働省，2007d）

家庭全戸訪問事業，④養育支援訪問事業，⑤地域子育て支援拠点事業（図5-3），⑥一時預かり事業，⑦病児保育事業及び子育て援助活動支援事業などの福祉サービスを提供しています。

(3) 子育て相談の主な専門機関
①児童相談所
　児童相談所は，子どもに関する家庭その他からの相談に応じ，個々の子どもや家庭に最も効果的な援助を行う相談援助活動を行うことを主たる目的とした行政機関で，都道府県，指定都市は設置が義務づけられています。

　児童相談所は原則として児童（18歳未満）に関するあらゆる相談（何らかの事情により家庭で子どもを養育できないあるいは養育させることが不適切な相談，障害を有する子どもの相談，非行や不登校に関する相談，性格行動上の問題に関する相談やしつけの相談等）に応じていますが，法律上は，これらの相談のうち専門的な知識や技術を必要とするものとなっています。

　児童相談所の相談支援の特徴は組織的な対応ができることです。児童相談所には児童福祉司や児童心理司などの様々な専門家がいて，相談に対して，医学的な面や社会学的な面，心理学的な面からアプローチを行って，調査，診断を行い，それに基づいて処遇方針や支援方針が導き出され，面接指導や継続指導など措置によらない指導の他，児童福祉施設入所や里親委託などの措置を行っています。

　児童相談所は，一時保護という他の相談機関にはない機能をもっています。一時保護は一時保護所という施設に一時的に子どもを保護することで，迷子や家出，虐待などで緊急に保護する必要がある場合（緊急保護），実際に子どもを生活させて行動をみる必要がある場合（行動観察），短期間治療的なかかわりをする必要がある場合（短期治療）などの目的で，一時保護が行われます。一時保護所で行われる行動診断もこれからの支援をどうするか考える貴重な資料となっています。また，乳児や病児など一時保護所で保護できない場合は乳児院や医療機関など適切なところに保護を委託します。一時保護を行う権限は児童相談所長がもっており，原則的には親子の同意を得て一時保護を行いますが，緊急保護の場合など親の同意を得なくても一時保護を行うことができます。

また，一時保護の生活は子どもの安心・安全を図るうえで，勝手に外出できないなどいくつかの制限が設けられており，親の権利や子どもの権利を制限するところがあり，保護の期間は限定されています。

　もうひとつの特徴としては，相談したい人だけを支援する機関ではなく，第三者の通告により相談を受けるところです。近年多いのは児童虐待通告です。「児童虐待を受けたと思われる児童を発見した者は，速やかに，これを市町村，都道府県の設置する福祉事務所若しくは児童相談所又は児童委員を介して市町村，都道府県の設置する福祉事務所若しくは児童相談所に通告しなければならない」，これは児童虐待の防止に関する法律の文言です。

　国民には通告義務があり，通告を受けた市町村や児童相談所は調査を行います。虐待ケースの保護者の多くは自ら相談したいと思っているわけではなく，むしろ勝手に家庭内のことに入り込まれることに強い抵抗を覚える人もいます。つまり，相談ニーズのない人に対して，信頼関係を築き，相談意欲を高めることが必要になるために，職員は大変高い専門性が求められます。

②その他の専門機関

　児童相談所の他の子どもや家庭に対する相談機関としては，福祉事務所に設置された「家庭児童相談室」や児童福祉施設等に設置されている「児童家庭支援センター」などがあります。その他，保健センターなど困りごとの種類によりいくつかの相談機関があります。一般的には子どもと家庭に関する相談は身近な市町村が一次的な相談機関となっていますので，そこに相談すれば必要に応じて適切な相談機関を紹介される仕組みになっています。

　市町村と児童相談所における相談援助活動は図5－4のようになっています。

4. 家庭や保護者に対する相談面接の留意点

(1) 相談支援の方法と準備

　相談支援の方法としては，個別的なかかわりを通して援助していく個別的な援助の方法と集団の力を利用して援助活動を展開していく集団援助の方法がありますが，ここでは個別的なかかわりを通して援助を行う方法，その中でも相談援助の方法について述べていきたいと思います。

第 5 章 保護者と家庭への支援

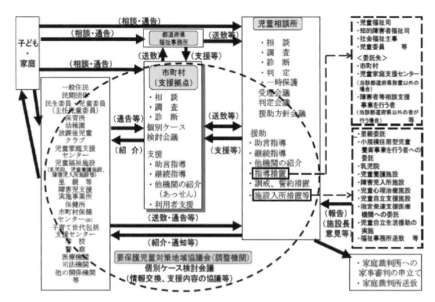

注：市町村保健センターについては，市町村の子ども家庭相談の窓口として，一般住民等からの通告等を受け，支援業務を実施する場合も想定される。

図 5-4 市町村・児童相談所における相談援助活動の系統図 (厚生労働省，2017c)

　相談は援助者と利用者が面接を行う中で展開されます。相談は知人の間で日常的に行われていますが，自らが保育所や相談機関の職員となって専門的に面接による支援を行う場合，準備しなければならないことや面接におけるいくつかの留意点があります。

①事前準備

●場所と時間

　相談は立ち話でも行うことはできるかもしれませんが，ゆっくりと落ち着いて話をしようと思えば邪魔の入らない静かな部屋が望ましく，部屋の広さは広すぎても狭すぎても落ち着けないですから，お互いが落ち着ける適切な広さが求められます。部屋には座って話ができるための椅子とお互いの距離が保てて安心できるために机もあるほうがいいです。物や飾り物がたくさんあれば刺激を受けやすくなりますので，必要最小限度に留める方が無難です。時間は無制限であると相手も自分も不安になったり，負担になったりしますので，長くて

も1時間半くらいという制限を設けていたほうがいいと考えられています。この時間や場所を定めておくことが自分を守り，相手も守ることになります。

●知識と技術

　子どもの発達や子どもの問題行動の要因など子どもに関する知識や関係機関に関する知識があればあるほど適切な対応ができるのと同時に安心して相談に応じることができます。知識不足であると不安になり，その不安が相手にも伝わり信頼感を得ることが難しくなります。また，相手が理解できる言葉で説明するなど伝え方の技術や信頼関係を樹立する技術，相手の真の訴えを聞き取る技術も必要です。自己研鑽を積んでいくことが絶えず求められます。

●精神的な安定

　相談を受ける人間にも困り事もあれば悩み事もあります。しかし，相談場面にそういうものを持ち込むことはできません。リフレッシュして相談に臨むことが求められます。

②相談面接の実際

●初回面接

　相談に訪れる保護者等の多くは，自分自身や家族で解決できない問題について解決への期待と「どうなるんだろう」という不安な気持ちが入り混じって来所されます。その不安な気持ちを受け止め，誠実に対応して信頼してもらえるように努め，相談終了時には「相談に来てよかった」と感じてもらえることが望ましいです。

　相談は相手の訴えを聴くことから始まります。そして，相手が何に困っているか，何を悩んでいるかを探っていきます。面接では質問が欠かせませんが，相手に自由に語ってもらい情報を集める質問と，「ご住所はどちらですか？」「ご住所はこれで間違いないですか？」など事実を確認する2種類の質問の仕方があり，この2つを組み合わせながら面接は進んでいきます。自由に語ってもらう一方で，話が拡散しそうな場合は「今の話はこう理解してよろしいですか？」などの質問をして，焦点を絞ることも必要になります。そして，何が問題でどうすればよいかを考え，助言を行っていきます。助言は相手の問いかけにその都度助言するよりも相手の話をよく聞いて，最後にまとめて相手の状態や関心に合わせて助言を行うほうが効果的です。

●継続指導
　一回では解決できないような相談の場合は相談面接を継続していくことになります。初回面接で最後に「これから一緒に考えていきましょう」と助言し，継続して相手が解決に向かう作業にともに付き添いながら支えていきます。

(2) 相談面接の原則
①自分の物差しで相手の悩みの深さを推し量らない
　相談の内容を聞くと，「どうしてこんなことで悩むの？」と感じることもあるかもしれませんが，どういう内容であっても相手にとっては深刻な悩みです。自分の物差しで悩みの深さを量らず，どのような相談であっても相手にとっては大変な問題であると受け止める必要があります。
②話に耳を傾け，安心感をもってもらう
　相談の中には「話を聞いてもらって楽になりました」とか「話を聞いてもらって元気が湧いてきました」とこちらが何も助言しなくても自らが元気になって解決に向かう姿勢が出てくることがあります。
　「話してもらう」ためには相手の話をじっくりと心を傾けて聴くことが必要です。また，何を話しても大丈夫だという安心感がなければ相手は話すことはできません。特に，この人に言ったらみんなに知れわたってしまうのではないかという不安があれば本当のことを話すことができません。自由で温かな雰囲気とともに秘密は守るというメッセージを与えることが大事です。
③相手が解決できる力をもってもらうのが目的
　相談を受けたときに解決策が頭に浮かんで，すぐに助言したくなったり，相手に頼られるとつい自分で解決しようと考えたりするかもしれません。一番良いことは，相手が自分で問題や課題に気がつき，自分で解決できる力をもってもらうことです。そうすることで，今後家庭内や子どもの問題が生じたときにその力が生きることになります。解決方法は親が自分で気づき自分で決定する，それができるように寄り添う姿勢が必要です。
④助言するときに陥りやすい間違い
　助言するときに最も気をつけなければいけないことは助言内容が相手にとって実行できることであるかどうかです。助言が正しい場合でも相手が実行でき

ないような助言は効果がありませんし，解決につながりません。

　気にするほどのことではないのに気にして困っている相談に出会うと，「気にすることはないですよ」と応じてしまいがちになりますが，相手からすれば「気にしないことができないから悩んでいる」ので，こういう助言は「この人は自分を理解してくれない」と思われることになる場合もあります。また，「もっと子どもとかかわってください」「家事をきちんとしたほうがいいです」「夫婦仲良くしてください」など正しい助言であっても，相手の力や状態によっては実行できない場合があります。実行できない助言は相手がより無力感を強めるだけになりますので，相手の力や状態をよく把握し，できない事柄は援助機関が支援することが必要です。同様に守れない約束も無力感を生み出します。相談を受けていると最後につい約束をしたくなりますが，それはこちらが安心する効果はあっても相手にとっては負担になるだけの場合があります。学校に行けない子どもに「来週から学校に行けるね，約束よ」とか，「お母さん，明日からこうしてくださいね，約束ですよ」などと言って面接を終える場合がありますが，それができない子どもや親の場合は「自分はやはりダメな人間だ」と思わせるだけになります。約束は守れる約束をして，できたことを承認することがよいと思います。こちらの安心感のために約束しているのではないかなど，目的をよく吟味することが必要です。

5. おわりに

　相談の内容によっては抱えられない相談もあります。そういう場合は無理に抱え込まず，組織で対応することや適切な機関を紹介することも必要です。そのためにも，他機関では何ができるかなど，地域の社会資源をよく知っておくことが重要です。

Column 5
通告は支援の始まり

　国民が児童虐待を受けている疑いのある子どもを発見した場合は，市町村もしくは児童相談所に通告しなければならない義務があります。また，保育所や幼稚園，学校など子どもと日常的に接していて虐待を発見しやすい立場の人には通告義務に加え，発見の努力義務が課せられています。登園時に不自然な傷を発見したが，実際に子どもが虐待を受けたところを見たわけではないので，虐待かどうか自信がもてないことがあると思います。法律では児童虐待を受けたと思われる子どもを発見した場合と記載されており，不確かであっても疑いを感じれば通告してもかまいません。虐待かどうかは通告を受けた市町村または児童相談所が調査を行って判断することになっていますので，通告者が虐待かどうかを明確に判断する必要はありません。保育所や幼稚園，学校の先生が虐待の疑いを感じたら，一人で判断しないで職場で会議などを開き判断することが必要です。

　また，児童虐待の通告は親を告発するような気分になって抵抗が生じるかもしれません。しかし，通告はその家庭や子どもに対する支援の始まりです。決して親を罰するためのものではありませんので，そのまま放置するほうが子どもにとって不利益になりますので，ためらわず通告したらよいと思います。一般の人で通告したことが相手にわかったら困るので通告を迷われる場合もあるかもしれませんが，法律で通告を受けた市町村や児童相談所が通告者を特定するような情報を出すことは禁じられており，安心して通告できる仕組みになっています。

第Ⅱ部
表現する子どもたち
―豊かな表現力を育てる教育―

　子どもは表現する存在です。
　赤ちゃんは未熟なので，全身で自分の状態を訴えます。まだ表現というよりも，感情を「表出」して発信します。これが表現の始まりです。幼児期になると，自分のイメージで身体・運動を用い，モノを使って表現するようになります。片言でおしゃべりし，体でまねっこし，歌やなぐり描きで，自分が感じたり思ったりしたこと，イメージしたことを表現します。手先や身体で身近な素材を使い，自分なりのお話を作って，ダンスする，歌う，絵を描く，モノを作る，といった具合に，自分の思いや考えを少しまとまりのある形にして表現することができるようになります。
　小学校に入ると，自分の感じたことやイメージ，経験したことや考えたことを，特定の技術や用具を用いて，テクニックや技を用いて表現するようになります。ダンス，歌，絵画も造形も，少し芸術的な表現をするようになります。

　豊かに自己表現できるようになるには，子どもを取り巻く環境や大人の援助や指導の在り方を考える必要があります。ここでは，子どもの表現力を育てる援助や指導の在り方を考えます。

第Ⅱ部　表現する子どもたち

第6章
環境としての声を育成する音楽教育

　幼稚園や保育園で，子どもたちは歌ったり音楽に合わせて表現活動をしたり，多くの時間，音楽に触れて過ごします。小学校では，教科として「音楽」を学び，学校行事やクラス単位でも歌う機会があります。保育士や幼稚園教師，小学校教師を養成する大学では，保育士課程，幼稚園免許課程，小学校免許課程が設置され，幼児教育・小学校教育における音楽の指導法や実技の科目を開講しています。

　幼稚園教育要領「表現」の音楽的な側面に焦点を当てて読み取ってゆくとき，子どもの心身の発達を考慮して，子ども自身の表現の内容や手段を汲み取り，意味づけていくことの必要性を理解することができます。また，小学校学習指導要領には，音楽科教育の全体にかかわる目標として「表現及び鑑賞の活動を通して，音楽的な見方・考え方を働かせ，生活や社会の中の音や音楽と豊かに関わる資質・能力を次の通り育成することを目指す」と示されています。音楽の様々な特性を生かして，教育の目的を実現することがねらいとされているのです。教科の内容は，さらに「A表現」と「B鑑賞」の2領域および「共通事項」で構成され，表現と鑑賞のすべての活動において共通に指導する内容が示されています。

　子どもの発達に応じた援助，学年に対応して指導のできる力，コミュニケーションを楽しみながらアクティブ・ラーニングできる音楽の授業プランを作り

出す力を育成するため，実技と指導法は互いに関連した学びとして構成されているのです。

友だちや家族とカラオケに行って楽しんだり，ライブコンサートに出かけて感動を共有したり，好きな歌を聴いて癒された経験のある人は多いでしょう。子どもの音楽表現について知ること，援助や指導の方法を学ぶことは，人と音楽の関係について考えることでもあります。

この章では，子どもの音楽表現を豊かに育てる指導とその基底について考えてみましょう。

1. 歌うこと

(1) 声で指導する

保育士や教師は，自身の声で子どもの歌や身体の動き，楽器について指導する機会が多くあります。鑑賞教材などCDを活用するときにも，器楽の指導でも，メロディー，リズム，細やかなニュアンスを，言葉による説明や指導だけでなく教師の「声」による音楽表現を通して，子どもに伝えるのです。子どもの音楽表現を注意深く聴き取り，声の表現で応え，また子どもが返すという循環が起こっています。

学習指導要領では，「内容」のA表現のうち，歌声に関する項目として，第1学年および第2学年では，「自分の歌声及び発音に気をつけて歌う技能」，第3学年および第4学年では，「呼吸及び発音の仕方に気をつけて，自然で無理のない歌い方で歌う技能」，第5学年および第6学年では，「呼吸及び発音の仕方に気を付けて，自然で無理のない，響きのある歌い方で歌う技能」があげられています。

(2) 息から生まれる声

音楽活動の中で，「歌うこと」は，人の体がそのまま楽器であるという点で非常に特徴的です。音源は身体に内蔵されていて，身体の内側は直接見ることも触ることもできません。普段意識することの少ない部分までその存在を感じ扱わなくてはなりません。自分自身の身体の感覚を目覚めさせることが必要に

なってくるのです。

　また，声は息がそのエネルギー源であり，心の状態と呼吸には密接な関係があります。心が柔軟でないとき，また平安でないとき，恐怖心や嫌悪感をもっているときに，呼吸は安定しません。ドキドキする，息が止まるかと思った，また息が上がるという表現があります。胸が締め付けられる思い，胸が塞がる，などというときに呼吸の状態は不安定です。そのような場合には，身体をリラックスさせて身体の状態を注意深く感じとったり，あるいはコントロールしたりすることは難しいのです。「息」という漢字は，「自ら」と「心」がひとつになったものです。歌うためには，心を開くことが求められるといってよいでしょう。

　歌うために必要なこと，大切なことは，技術面においても心理面においても，他の楽器の演奏とは異なった特色，課題があるのです。

　「声楽教育現場における発声法の習得は，それ自体を目的に据えるものではなく，あくまでも音楽と発声の主従関係をしっかりと認識することが前提としてまず求められる。つまり，何のために行われる発声指導なのかを，学生が十分理解することが大切である」（佐々木，1993）ということができます。

　授業の最初にアンケートを行うと「高い声が出ません」「音程がうまくとれません」「人前で歌うのは苦手です」「楽譜が読めないので，歌は不得意です」など，自分の声についての不安を記述する学生がいます。

　他の楽器のように，先生に教えてもらわなくても，繰り返し練習しなくても，楽譜が読めなくても，誰でも物心がつく頃には，何かしら歌のようなものを口ずさみます。そのように身近であるがゆえに，歌の上手下手は生まれつき，と思い込んでいる人が多いのではないでしょうか。しかし，歌うことは特別恵まれた体格や美声の持ち主だけの特権ではありません。「人間の発声器官は数ある中でとりわけ歌の道具として自然によって作られている。だから，歌うときのありとあらゆる技能は（部分的には深く隠されているが），その中に潜在している。（中略）偉大な歌手は，いつでも素人の貧弱な声を真似することができ，それは，彼の発声器官のある部分を使わないでおくか，あるいは彼の発声器官の本来の生理的機能をわざと乱すことによって行われるのだということは，大いに教育的な意味を持っている」（フースラー・ロッド＝マーリング，1965/1987）のです。誰もがそれぞれに素晴らしい楽器を持っていること，しかしそ

れはまだ形を成しておらず，発声の仕組みについて知って，自分の耳と感覚を鋭敏に鍛え，楽器を作っていくことが可能なのです。

(3) 環境としての声

　子どもの側からみるなら，保育者や教師の「歌声」だけでなく，あるいはそれ以上に，話す声，読む声も「音の環境」といえるでしょう。歌う以前に「声」を発するとき，それはすでに「音」であり，その響きの中に人は思いを込め，伝達し，共感することさえできます。「音」が運んでくるニュアンス，感情性を表現し，感じ取る感性を育てたいと考えます。

　子どもの声，その息遣い，話し声，歌声などを注意深く受け取り，聞き分けてゆくことは，保育者・教師に求められる音楽的能力といえるでしょう。そのために，自分の声が子どもにとっての音の環境であると気づくこと，自分の声を育てたいという思いをもてることが重要なのです。このことに気づいたときに，自分自身が表現者でありたいと願い，また子どもの声を大切にし，注意深く受け取りたいと願う心と耳が育ち始めるでしょう。

　保育者・教師の声は「歌う声」だけでなく，話す声，読む声も子どもにとっての「音の環境」であることを十分に認識しなければなりません。

　自分の声を用いて実際に音として発声，再現するために，発声の仕組みを知り，自分の耳と身体感覚を鍛え，声という楽器を育てることは可能です。身体と心と表情との関連も楽しみながら，声を育てていきましょう。

2. 音楽教育における指導法の実際

　音楽指導法の授業は，15回あります。前半7回までは，子どもの音楽的発達を知り，歌う活動や弾く活動，つくる活動についての講義と実習とともに，学生の声の育成を中心にした指導を行っています。8回目に学生のグループでの課題発表があり，後半は9回から13回まで，指導案の作成と全員が必ず先生役と子ども役を担当する模擬授業を行います。そして，それぞれについてディスカッションの時間をもちます。

(1) 声の育成：呼吸・発声・読譜

15回の指導法の授業において，第2回から第7回まで，毎回30分程度を，声を育成するための指導に当てています。呼吸・発声・読譜に重点を置き，自分の身体の感覚を鋭敏にできるよう，ストレッチを取り入れた体操も行っています。声の指導における導入では，次の4つの事項をポイントとして指導しています。

・自分の身体全体，また各部をストレッチ体操などで確認する。
・腹式呼吸について知る。
・声区について知る。
・普段の話し声の音高を確認し，その発声のまま高くして自分の換声点を知る。

では，それぞれの概要を紹介しましょう。

①体操

声のよくなる体操があるわけではありませんが，授業のはじめには身体の各部の筋肉などを意識し，また血行をよくするためにストレッチ体操を行います。起きてまだ時間があまり経っていない，あるいは満員電車の通学で身体が固まっているかも知れません。また，直前の授業でずっと座ったまま難しい問題に取り組んでいたのだったら，身体をほぐさなければならないでしょう。歌うために腹筋が重要な役割を担っていることは周知ですが，激しい腹筋運動を繰り返しても意味はありません。普段の生活において特に意識することの少ないみぞおちから下，また体側，腰や腹部などの身体の感覚，それも内側の感覚，インナーマッスルへの注意力，鋭い感覚を呼び覚ますことが身体という楽器の操作には必要です。

②呼吸法

呼吸の仕組み（図6-1）については，中学校理科の教科書の記憶を呼び覚ますところから始めます。細くなった上部の口が開いているガラスの容器に入った風船は肺に見立て，底に張ったゴム膜は横隔膜です。このような図を覚えているでしょうか。人の呼吸には胸式呼吸と腹式呼吸の二種類があり，普段

第6章　環境としての声を育成する音楽教育

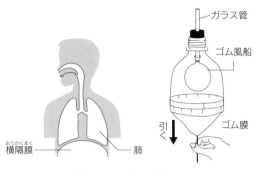

図6-1　呼吸の仕組み

の生活では特に意識することなく，両方の方法を同時に，また交互に行っています。

腹式呼吸において重要な役割をもつ横隔膜筋は，笑ったり泣いたりするときには大きく動いています。横隔膜筋の痙攣がしゃっくりであることを知ると，その存在を実感できるでしょう。腹式呼吸を自在に行えるようになれば，しゃっくりを止めるのはとても簡単です。

就寝時にはごく自然に腹式呼吸をしているので，夜寝るときにお腹に手を置いて腹式呼吸を確認することを続ければ，立った姿勢で腹式呼吸を自覚的に行うことできるようになります。

腹式呼吸を意識的にできるなら，自分の息の量や速度をコントロールしやすくなるので，声を使う職業，役者や歌手やアナウンサーなどには必須の，そして「先生」にも，ぜひ身につけたいワザです。意識しすぎて体が緊張しては逆効果になりますが。

③声区

ある程度広い音域を歌おうとするとき，「声区」の概念を知っておくことは有益です。「声区」とは，もともとオルガン製作のregisterという用語，オルガンの声質を変化させるために用いる音栓から借りてきた言葉です。声区について，一般的には「表声」と「裏声」，あるいは「胸声区」と「頭声区」に分けられることが多く，「重い声」と「軽い声」に分けることもあります。声区に関しての区分は一定ではありませんが，その音高に配慮することと自身が納

得できる音色や響きに近づけることに関連を見出すのは難しいことではないでしょう。

④換声点

自分の話し声がどのくらいの音高であるのか、ピアノなど楽器の音で確認してみます。そして、そのままの発声で少しずつ高くしていき、ある高さからとても声が出しにくくなること、少し無理をして発声できたとしても、叫び声、つまり歌う声とはかなり異質な声になってしまいます。ほとんど人にとってその境界線は、ほぼ「ラ」のあたりになります。そこを「換声点」と呼び、声区の箇所で説明した表声と裏声の分かれる高さといってよいでしょう。表声のままさらに高い音域まで張って歌おうとすれば、怒鳴るような声になってしまいます。長くそのまま発声し続けると、声帯を痛めたり、正確な音程で歌えない、いわゆる一本調子になってしまう危険性があります。

実は、「私は歌が下手だ」とか「高い声が出ないので苦手なんです」と思っている人にとって、この換声点付近の音域で裏声と表声をうまく調整して発声することができないことが、その苦手意識の主な原因であることが多いのです。

(2) 声を育てる実践例（指導法の導入授業）

表6-1は、指導法の授業における身体や表情と結びついた声の指導について示したものです。第1回から第6回まで、A、B、Cの3つのカテゴリーを設定して声に関する知識を広げ、身体や表情との関係を実感できること、実際に教材曲を歌う場合にその声遣いをどのように生かしてゆくのか気づかせる内容となっています。

次に第1～第3回における、A、Bの具体的な内容を示します。

【第1回】
- 15回のうち導入1回～6回の授業の中で、コミュニケーションを楽しみながら、心を開き、自分の「声」に向き合うために設定している時間であることを伝える。
- 出席確認で、教師に名前を呼ばれて返事をするとき、他の学生の声を注意深く聴くことによって、同じ「はい」という言葉の響きや音色が様々であ

第6章　環境としての声を育成する音楽教育

表6-1　声を育てる

	A　声	B　身体・表情	C　歌唱教材
第1回	・挨拶と応答 ・呼吸法	・ストレッチ体操 ・ボール投げ	「あなたのおなまえは」 「こぶたぬきつねこ」
第2回	・早口言葉，外郎売り ・教材曲の音域を知る	・手をつないで友だちと動く ・表情筋の体操	「あくしゅでこんにちは」 「大きなくりの木の下で」
第3回	・発声法 ・声区と換声点	・ハンカチなどの受け渡し ・動物の鳴き声や動き	「小鳥のうた」 「おかあさん」
第4回	・色々な台詞 「お似合いですよ」など	・手の動き ・音楽にあわせて自由に動く	「バスごっこ」 「山のワルツ」
第5回	・場面を変えて同じ台詞 「何の匂いかな？」など	・特徴あるリズムで動く ・「チェッチェッコリ」で動く	「とんでったバナナ」 「一年生になったら」
第6回	・歌詞や絵本を読む	・姿勢，表情，視線 ・総合的な身体の動き	「あめふりくまのこ」 「もりのくまさん」

A　声：発声のしくみや呼吸法，音域など様々な声に関する知識や技能について解説する
B　身体・表情：声と連動した身体の動きや表情を実際に体験する
C　歌唱教材：その歌の持つ楽しさなどはどこにあるのか，どのように声で表現するのかを探る

ること，教師の助言により何度か言い直すうちに，学生の声が変わってくることに気づく。

・ストレッチ体操で体をほぐす。普段の生活で意識することの少ない体側，背中，腰などは，声のために，また身体による表現にとっても重要な部分である。

・ボールを投げるときに，声を一緒に届ける。声かけに，向きやタイミングのあることを実感することができる。

・学生間で，ハンカチやぬいぐるみを受け渡す。気持ちを声に託し，「かわいいでしょう？」「おいしいよ」など，各自が考えた台詞とともに。表情や声の違いに気づく。

【第2回】

・講義のテキストを音読する際，適切に間をとること，テンポ，音量を調整することを指導してゆく。唇や舌をしっかり使うこと，表情筋を使うことによって，よく聴き分けられるきれいな子音，母音となることに気づく。早口言葉や，歌舞伎の「外郎売りの口上」を練習する。

・子どもの歌唱教材の音域を調べる。前回の話し声の高さと比較する。話し

第Ⅱ部　表現する子どもたち

声の抑揚をそうとう幅広くつけても，歌うことは話したり読んだりすることに比べて，とても広い音域を求められていることを確認できる。最高音が高い「ド」「レ」の歌は非常に多い。

【第3回】
- 二人組になり，相手を赤ちゃんに見立てて，語りかけたり歌いかけたりしてみる。目の前にいる子どもとの一対一のやり取りでは，どのような声，表情になるだろうか。
- 普段の話し声でそれぞれが「こんにちは」を言ってみる。話す声に豊かな抑揚があり，絶対音高があることは，あまり意識されていない。話し声の高さもピアノの鍵盤である程度再現できる音程であることを確認する。
- 動物の様子や鳴き声を真似してみる。例えば「ミャーオ」や，サイレンの音などは，うまく換声点を超えられない子どもに（大人でも），広い音域を獲得するきっかけとして有効である。

3. 歌うことと伴奏：ピアノ学習について

　保育実習や幼稚園実習，保育士や教師の採用試験において，鍵盤楽器の演奏や「弾き歌い」が課題となることはとても多く，養成校には一定水準のピアノ演奏能力を指導して学生を送り出すことが求められています。ピアノを弾く場面は伴奏だけではありません。また養成の場では音楽の構造や仕組み，約束ごとを学ぶときに，ピアノによる学習は欠かせないものとなっています。

　大学入学以前の，学生の鍵盤楽器における学習経験や演奏能力は多様です。入学して初めて鍵盤楽器の演奏について学ぶ学生は少なくありませんが，幼少期から一定期間ピアノを習って，その後大学に入学してくる学生もいます。1年次最初の実技の授業では，各学生の進度に相応しいグレードでの指導ができるよう，鍵盤学習初心者と経験者にグループ分けをして導入の指導を行い，3回目の授業からは共通の課題である『バーナムピアノテクニック1』（全音楽譜出版社）からの課題とともに，グレード別の選択曲に取り組みます。

　A，A〜B，B，B〜C，Cの5つのグレードに分け，選択課題曲をそれぞれ

図 6-2　連弾の練習風景

3～9曲設定しています。ピアノ実技の個別指導とともに音楽理論，ソルフェージの基礎編についての指導も行われています。

　この実技科目の特色のひとつは，後半8回目から実施する連弾の学習です。一台のピアノを二人で弾いて楽曲を演奏する「連弾」（図6-2）では，まず自分の分担するパート（プリモ，またはセコンド）について，流れを止めることなく演奏できることが必要です。さらにペアを組んだ相手の音をよく聴きながら，二人でその曲の練習に取り組まなければなりません。多くの学生にとって初めてのアンサンブル経験となる連弾の課題ですが，友だちと一緒に曲を仕上げてゆく楽しさを知り，授業と授業の空き時間には，ピアノ個室もミュージッククラボも多くの学生の熱気に満ちています。10回目の授業では，全員で互いの演奏を聴く時間をもち，発表を終えた後の振り返りでは，「緊張したけれど，とても楽しかった。また連弾をしたい」「自分でも驚くほど練習をして力がついたと思う」など，充実感溢れるコメントが多く提出されています（曲目は，「ライオンの行進」「小さな世界」「チャチャチャ茶色の小瓶」など。）

　続く音楽実技の授業でも，グレード毎の新たな必修と選択の課題曲を設定しています。次に例としてBグレードの課題曲を示します（表6-2）。

　2年生で受講する実技系の授業では，ピアノ曲だけでなく，子どもの歌唱教材について，歌うこととその伴奏法を学びます。音楽を形づくっている要素を楽譜から読み取り，また自身が演奏する音から聴き取ります。伴奏のコードやリズムを知ることで，音楽への理解と感性をさらに深めることができるのです。

表6-2 【Bグレード】(必修曲と選択曲)

作曲者	曲集	曲目	調性・拍子	備考
バイエル	バイエル教則本	72．73．78．81．88		必修曲
ベートーヴェン	ソナチネ・アルバム第2巻他	二つのソナチネ Anh.5 1mov. モデラート	G-dur 4/4	古典派　ソナタ形式
シューマン	ユーゲントアルバム	8．勇敢な騎手	a-moll 6/8	メロディーの受け渡し
カバレフスキー	24の練習曲	20．道化師	a-moll 2/4	表情の変化
バルトーク	こどものために	5．あそび	C-dur 2/4	6音(ドレミファソラ)音階
ギロック	抒情小曲集	7．人魚の歌	A-dur 4/4	左手の動き，ペダル

4．まとめ

　保育者や教師の養成で習得すべき音楽実技の技能は，難しいピアノ曲を子どもたちに聴かせるために演奏することではないのはいうまでもありません。子どもに特別な発声指導をしたり，完成度の高い演奏を指導するための発声法を身につけなければいけないわけでもありません。3年生以降の選択科目や音楽ゼミでは，歌うこと，楽器の演奏，身体表現など，総合的な音楽表現を目指して，音楽劇の創作も行い，実際に子どもたちのもとに出かけて演じています(図6-3)。

　子どもが主体的に身体ごと音楽を楽しめる，そのような活動を作り出すことのできる指導者の養成は，声の育成を導入する指導法と実技の連携によって，充実したものになるでしょう。

図6-3　歌う・奏でる・動く「音楽劇の創作」

Column 6
リトミック

　リトミック，とても魅力的な響きをもった言葉です。
　子どもの頃リトミックの教室に通った，リトミックの先生が幼稚園や保育園に来ていた，そんな記憶のある人もいるのではないでしょうか。
　リトミック（仏語 rythmique）とは，スイスの作曲家エミール・ジャック＝ダルクローズ（Jaques-Dalcrozw, É. 1865-1950）の考案した音楽教育の方法です。ダルクローズが活躍した19世紀初頭は，音楽，演劇，舞踏などの分野の専門家の交流が盛んになり，表現教育の重要性を主張し始めた時期でした。日本でも早い時期，1915年頃にリトミックが紹介され，俳優の身体表現力を養う基礎練習に取り入れられましたが，その後，主に幼児教育において普及してきました。
　もともとダルクローズは子どもの音楽学習の準備としてリトミックを考案したのではありません。ジュネーブの音楽院で，演奏や作曲を学ぶ学生に和声学やソルフェージュを教える過程で，演奏技術に重きをおく音楽指導だけでは学生の拍子やリズム，ニュアンスに対する感覚が十分に育たない，音楽は聴覚だけで受け止めるのではなく，身体のすべての部分で感じ取っていること，つまり身体から音楽を理解することの重要性に気づいたのです。その研究成果の発表や講演，著書は注目を浴び，多くの芸術家や教育者の共感を得ることとなります。弟子たちによって，続々とリトミックの専門学校も設立され，舞踏，演劇，音楽教育などの分野に大きな影響を与えてきました。
　身体まるごとで音楽を感じ表現するリトミックの考え方は，本学科での学生への指導においても，大切にしていることです。

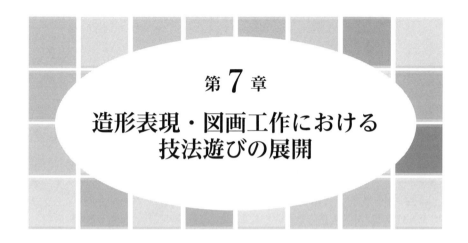

第7章
造形表現・図画工作における技法遊びの展開

　保育士課程，幼稚園免許課程，小学校免許課程を備えた学科のカリキュラムには，図工の実技系科目，幼児教育・小学校教育における造形表現，図画工作科の指導法に相当する科目など，美術教育にかかわる教科が設置されています。各教科を通じて美術の実技や造形理論，保育・教育の指導法を学ぶのですが，各教科間は相互に関連していて，確実に保育・教育現場で生かされる内容になっています。

　ここでは，幼児教育から小学校教育に至る12年の美術教育の中で，表現技法のひとつである技法遊びがどのように展開されているかをみて，学びの意義を確認します。

1. 美術教育と出合う

(1) 保育・教育と美術

　美術は幼児教育から学校教育へ進むにしたがって暫時名称が変化します。保育所・幼稚園・認定こども園では造形表現，小学校では図画工作，中学校では美術，高校では美術・工芸という名称が使われています。どの時期の教育も美術教育で表せますが，保育所保育指針，幼稚園教育要領，幼保連携型認定こども園教育・保育要領では表現という領域が，小学校学習指導要領では図画工作

という教科がおかれています。美術教育の名称は幼児教育では造形表現，小学校教育では図画工作です。

(2) 領域表現と図画工作

　幼児期の保育・教育では，保育所保育指針，幼稚園教育要領，教育・保育要領において5領域が設定され，そのうち豊かな感性と表現にかかわる領域として「表現」が設定されています。子どもの表現活動をみて，保育者は多様な子どもの表現を造形的視野から読み取り，それをもとに活動を展開できる力が必要とされます。

　一方，小学校学習指導要領では図画工作科の目標を「表現及び鑑賞の活動を通して，感性を働かせながら，つくりだす喜びを味わうようにするとともに，造形的な創造活動の基礎的な能力を培い，豊かな情操を養う」とし，教科の内容として表現と鑑賞，共通事項をおいています。

　領域は小学校の教科ではなく，子どもの発達の側面を表すとしています。子どもの表現活動でいえば，領域「表現」は図画工作科とは概念を隔しますが，教科間の相互関連を重視する姿勢は領域のみならず保育・教育を総合的に捉えるという観点では異なる土俵にのっているわけではありません。

　美術教育という視点から子どもの成長発達の姿を理解し，新しい方向性を示唆することは，アクティブ・ラーニングの手法での授業展開を実行する美術教育の得意分野として，ものの見方，考え方の基礎をつくる領域，教科として教科の意味を標榜することができるでしょう。

(3) 感じることと表すことは一体

　アートは芸術，美術です。感じることと表すことは対になっています。前述したように幼児教育では領域表現を，豊かな感性と表現にかかわる領域と位置づけています。また，小学校学習指導要領図画工作編では表現と鑑賞の2つの内容を並立しています。

　すなわち，日常生活の中にあるものや自然環境や事象，身近な環境にある多様な作品，諸外国の文化財や芸術作品に触れ，それらへの知的好奇心や感動などがデータとして蓄積され，表現へと醸成されるのです。美術は，ものをメディ

アとして表現することだけを指すのではないのです。表現の深まりは，審美眼を育てやがて表現へと循環するのです。

(4) 子どもの造形表現はアートなの？

ここでは，アートや芸術という文言を子どもが描いた絵や制作に対して使用していますが，それらはアートなのでしょうか。子どもの描画が芸術であるという見解は，チゼック（Cizek, F.）が1897年にウィーンに設立した子どもの美術教室の指導原理にある，子どもは生まれながらに芸術的な素質をもっているという考え方が，子どもの絵を芸術として支持する原点になっています。

子どもの描画には発達的な傾向や個別の特性がありますが，多くの美術家がその充溢性やコンポジション，美的で表現性があることを認めています。20世紀前半にクレー（Klee, P.）やピカソ（Picasso, P.），ミロ（Miró, J.）等が一見子どもが描いたような描線やフォルムを使って制作しましたが，彼らが子どもの描画に充溢性，表現性，コンポジションを認めたうえで子どもの表現に似た作品を制作したと考えられるからです。彼らは大人の芸術家として，子どものような表現を独自の表現スタイルとして創造したものです。子どもの表現は，自分のスタイルとしてその表現を編み出したものではありませんが，それは，子どもの表現の芸術性を剥奪するものではありません。

コンポジションに関する好みは早い時期の乳児にもあるともいわれています。独自の表現スタイルの創造と鑑賞に関する発達的な傾向として，9歳では見る能力を発揮し，12歳で表現と鑑賞の両方の能力を発揮することができるとする報告（Carothers & Gardner, 1979）があります。

子どもの表現は，大人の評価により芸術だと認められたところから，芸術として成立するといえるのでしょう。

2. 技法遊びの研究

(1)「技法」遊びとは何か
①造形の定義

造形という活動は，最も基本的なスタンスからいうと「ものにかかわり，も

のを変化させること」です。「もの」は材料・素材のことですから，絵の具やパス，コンテ，マーカーなどの描画材や粘土や紙，雑材，自然物などの材料・素材の色や形を変えたり性質を変えたりすることが，造形だといえるのです。

②技法遊びとは

　絵の具を滲ませて偶然の広がりができる，パスを重色して削り取ると下に塗った色が鮮やかに現れる，ローラーで転写したり混色したりして新しい色調やテクスチャーが生まれるなどします。技法遊びはこのような活動で，「もの」＝描画材を混ぜたり重ねたりする行為をかけて，その結果偶然の変化を伴って新しい状況が生まれます。まさしく，造形の定義の如くです。

　技法遊びは子どもが楽しんで描画材にかかわる活動ですが，その起源をたどるとシュールレアリスムやダダの作家の仕事にみることができます。また，エリック・カール（Carle, E.）やレオ・レオーニ（Lionni, L.）の絵本にも使用されていることはよく知られています。次にそれらを紹介しましょう。

(2) 美術史の中の「技法」

①ダダ，シュールレアリスムと「技法」

　20世紀初頭，ダダやシュールレアリスムは芸術運動として誕生しました。ダダは「ダダはなにも意味しないと」20世紀の芸術を切り開くひとつの挑戦としてこれまでの芸術を全否定し，シュールレアリスムは「夢と現実という一見両立しがたいふたつの状態が，一種の絶対的現実，いってみれば超現実のなかへいずれは解消される」という未知への探求に向かうものでした。ダダやシュールレアリスムでは19世紀末までに使用された手法による表現からの脱却を実践し，シュールレアリスムのオートマティズム（自動記述）が代表的な表現手法として知られています。

②「技法」の創始者たち

　「技法」遊びのひとつである**コラージュ**は，キュビズムの画家ブラックやピカソがパピエ・コレとして使用した手法です。シュールレアリスムの画家マックス・エルンスト（Ernst, M.）が，2つの異質なものの偶然の出会いの成果・開発を試みる手法として創始したとされています。シュールレアリスムが目指した方向に叶った表現手法といえるでしょう。

フロッタージュやデカルコマニーにも創始者がいます。フロッタージュは擦り出しの手法で、鉛筆でコインなどの形をノートの隅に写し出すいたずらをしたことを覚えている人がいると思います。マックス・エルンストが1925年に開発した技法であり、デカルコマニーは1935年にオスカール・ドミンゲス（Domínguez, Ó.）により考案された手法で、多くの画家が制作に使用しています。

③ドリップ・ペインティング

アートの中心がヨーロッパからアメリカへ移ると、芸術家たちもニューヨークを中心に活動するようになります。ジャクソン・ポロック（Pollock, J.）は1950年前後から、ドリップ・ペインティングという手法で作品を生み出しました（エマリング, 2006）。油彩とエナメルペイントを画面上に滴らせる手法ですが、綿密な構想が下敷きとなっているともいわれています。「技法」遊びでは絵の具を筆に付けそのまま画面に向かって振りおろし、画面に落ちた絵の具がつくる偶然の形や線あるいは偶然の混色がもたらした色彩を利用するドリッピングにあたります。

(3) 絵本の世界と「技法」

①エリック・カール

『はらぺこあおむし』（1968年）、『パパ、お月さまとって』（1986年）、『とうさんはタツノオトシゴ』（2006年）などは保育・教育現場でよく読まれる絵本です。中でも『はらぺこあおむし』は、世界的な大ロングセラーとして知られています。エリック・カールは、グラフィックデザイナーとして活動していた作家ですが、絵本に使う絵のデザインには「技法」を使っていることが知られています。紙に手指で絵の具を載せるなどして美しい色彩の紙を自分で作っています。エリック・カールの絵本は、自作の紙でコラージュなどの手法を用いて作られているのです。エリック・カールの絵本を手にしたとき、鮮やかな色彩がどのような「技法」で生み出されたものなのかを見てみましょう。

②レオ・レオーニ

レオ・レオーニもイラストレーター、グラフィックデザイナー、絵本作家として活動し、『あおくんときいろちゃん』（1967年）、『スイミー──ちいさなかしこいさかなのはなし』（1963年）、『フレデリック』（1969年）など、保育・教育

現場で使われている絵本です。特に『スイミー──ちいさなかしこいさかなのはなし』は小学校低学年の国語の教科書にも登場する物語で，周知の絵本です。レオ・レオーニはエリック・カールの才能を見出した人でもあり，彼の絵本には**コラージュ**の手法はもちろん，**スタンピング**などの技法を用いた作品を見ることができます。

　美術史の中で表現手法として創出された「技法」は，その後絵画の制作手法として，またグラフィックデザインやテキスタイルデザインの世界で，また絵本作家の重要な表現技術として展開されています。

3．技法の種類と方法

　技法の種類と方法を表7－1（p 84, 85）に示しました。この表は授業の資料として配布します。参照して下さい。

4．技法（研究）ファイルの作成

(1) 技法遊びの目標

　技法遊びは，保・幼・小の造形表現，図画工作の内容において，幼児・児童が材料，特に描画材の不思議や楽しさを発見する時期の絵の具やパスの遊びとして，また描画表現に組み込む効果的な表現技法として使用されます。「技法のいろいろ」（表7－1）のリストから20種類以上の「技法」を学び，今後保育・教育の場で活用できるように1冊にファイルします。「技法」遊びの学習目標は以下の通りです。

- 「もの」とかかわり，「もの」の変化を発見する。
- 材料体験を通して，材料特性および用具の使用方法を知る。
- 技法を生かした表現方法を探る。

　ここで学んだ技法は，幼児造形表現の指導法，図画工作科の指導法関連の授

第Ⅱ部　表現する子どもたち

表7-1　技法のいろいろ（授業配布プリント）

技法の名称	方法
1．パスカーボン	パスを紙一面に隙間なく塗り，その上に一枚の紙を重ねて，鉛筆や箸ペンなどで描き，裏面に絵が写ることを楽しむ。
2．スクラッチ（削りだし）	パス類の明るい色で面に塗り，その上に濃い色，あるいは暗い色を重色したのち，くぎ，ヘラなどで引っかく。
3．フロッタージュ	凸凹のある固いものの表面に紙を当て，パス・クレヨン・鉛筆などでこすって模様を出す。
4．ぼかし（パス）	パスを紙に塗りこみ，指で伸ばしていく。
5．型ぼかし（パス）	型紙にパスを塗り，指で型の内や外にパスを伸ばしていく技法。型の外に伸ばすものを外塗り，内側に伸ばすものを内塗りという。内塗りはステンシルとも言う。
6．ぼかし（絵の具）	濃から淡へ，水の変化でグラデーションを作ることができる。
7．にじみ	水を引いた紙の上に絵の具を落とし，絵の具の広がりや混色を楽しむ。
8．流し	紙に絵の具を落とし，紙を動かして絵の具を様々な方向に流し，その軌跡を楽しむ。
9．ドリッピング	絵の具などのペイントを紙の上に振り掛ける。
10．吹き絵	紙に落とした絵の具を，口やストローで息を吹きかけてできる模様を楽しむ。
11．バチック（はじき絵）	パスやクレヨンの排水性を生かし，パスなどで描いた上に絵の具を塗り，はじく面白さを経験する。蝋燭でも可能。
12．シャボンダマはじき	彩色した石鹸液でシャボンダマを作り，紙の上に落として，はじいた後の形を残す。
13．ビー玉ころがし	ビー玉に絵の具をつけ，箱のふたなどの中で転がし，軌跡をつける。
14．デカルコマニー（合わせ絵）	アート紙や画用紙などを，二つ折りにし一度開き，片方に絵の具をたらすなどして閉じ，再び開いてできたシンメトリー（左右対称）の模様を楽しむ。
15．ストリングス（糸引き絵）	二つ折りの紙の間に絵の具を含ませたタコ糸を置き，挟んだままその糸を引いて模様を作る。
16．ステンシル（型抜き）	型紙を作り，その型にパスや絵の具などでぼかしたり塗ったりして形を残す。
17．スタンピング（型押し，版遊び）	押捺技法。手・足型，野菜など各種の版材によるはんこ遊び。
18．マーブリング（墨流し）	水面に浮かした油絵の具や墨汁，彩液のマーブル（大理石）模様を写し取る，水版画。
19．ウォッシング（洗い出し）	高濃度の白い絵の具，または多色の絵の具で画用紙に絵を描き，乾燥後に表面全面を墨汁で覆う。墨汁が乾いたら水で墨汁を洗い流すと，もとの描画が現れる。
20．ローラー遊び	ゴムローラーやウレタンローラーなどを紙の上で転がし，線や面を作って遊ぶ。ステンシルや転写遊びなどが同時に楽しめる。

第7章　造形表現・図画工作における技法遊びの展開

21. 転写遊び	ローラー遊びなどで，一度写したものをさらに他に写して遊ぶ。
22. モノプリント	一度きりの版。フィンガーペイントを写し取ったり，机に上に描いた描画を紙に直接写したりする。
23. スパッタリング	絵の具を付けたブラシで金網の上からこすり，霧状の絵の具を落とす。型紙をおいてスパッタリングをすると，柔らかなステンシルの表現になる。
24. 染め	和紙や布を染料で染める。たたみ染め，絞り染め，つけ染めなどがある。
25. フィンガーペインティング	小麦粉をペースト状に煮て，食紅あるいは絵の具で着色する。感触を楽しむ遊びで，ストレスの発散や心の開放にもよい。手だけでなく，全身にぬたくっても面白い。
26. ペンジュラム	缶などの底に穴を開け，支柱に吊るす。絵の具を入れて揺らし，穴から落ちた絵の具が描く規則正しい軌跡を楽しむ。
27. 混色遊び	パス・コンテ・絵の具などを混色し，色相・明度・彩度の変化を発見する。
28. コラージュ	コラージュとはフランス語で「貼り付けること」と意味する。パピエ・コレ（1910年代のキュビスム：貼り絵）とも言う。色紙などのちぎり絵や貼り絵とは異なり，貼り付ける素材そのものにも意味を持たせている。

業に組み込まれ，保育所・幼稚園・認定こども園の教育内容，小学校の図画工作の内容で生かされます。

(2) 授業における展開：技法研究ファイルの作成

「技法のいろいろ」を実際に経験することを通じて技法の方法や効果を確かめたのち，各自ファイルに整理します。

図7-1　技法研究ファイル表紙

・「技法のいろいろ」に示した技法から，約20種類の技法を選択して実践する。
・技法はトリミングしてＡ４サイズの台紙に貼り，名称を入れる。
・表紙を作成し，Ａ４のファイルの１ページ目に入れる。
・技法ファイルの作り方の基本にそってファイルを整理する。

第Ⅱ部　表現する子どもたち

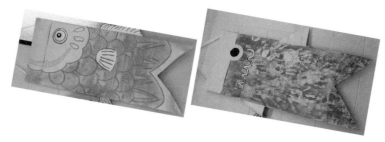

図7-2　技法を使ったこいのぼり（ローラー・バチック・手形のスタンピング，学生作品）

5．保育・教育現場における展開

(1) 小学校教科書からの検討
小学校図画工作科で技法はどのように扱われているのでしょうか。

①教科書に載っている「技法」の種類
現在使われている図画工作科の教科書の『ずがこうさく1・2　上・下』（花篤，2017a），『図画工作3・4　上・下』（花篤，2017b），『図画工作5・6　上・下』（花篤，2017c）に掲載された事例および参考作品から，「技法」が使われたものを蒐集しました（表7-2）。

②教科書の「技法」の扱い
上記の表からわかるように，低学年から中学年に向けて技法を扱う頻度が上

表7-2　図画工作の教科書で扱われた技法一覧（花篤，2017a, 2017b, 2017c より）

教科書	掲載ページ数	使われた技法
1，2年上	10	ローラー・スタンピング・ステンシル・フィンガーペインティング
1，2年下	8	ローラー・スタンピング・ステンシル・フィンガーペインティング・紙版
3，4年上	8	ローラー・スタンピング・フィンガーペインティング・にじみ・ぼかし・片ぼかし・吹き絵（吹き流し）
3，4年下	5	にじみ・ステンシル・吹き絵・スタンピング・にじみ・スパッタリング・シャボン玉はじき・ドリッピング・スパッタリング・マーブリング・デカルコマニー・ビー玉ころがし
5，6年上	1	ドリッピング
5，6年下	2	ローラー・にじみ

第7章　造形表現・図画工作における技法遊びの展開

がり3，4年生下の教科書でページ数は下がりますが技法の数は12個と増加します。1，2年上でエリック・カール，1，2年下でレオ・レオーニの作風が紹介され，1，2年上では「ためしてみよう」でパスの技法紹介，3，4年上では「絵の具を使った表し方」で絵の具の技法を紹介しています。技法は高学年の5，6年上下になると極端に減少します。

　技法は「技法」そのものを楽しむ材料にかかわる活動と，表現技法のひとつとして作品に組み込む方法があります。教科書の「技法」の位置づけも6年間で変わり，低学年では「技法」そのものを楽しむ活動，「技法」の多様な種類を提示した中学年以降は表現技術としての位置づけへシフトし，中・高学年では自己表現の中で自在に使用することが望まれます。

(2) 保育園・幼稚園・こども園における活動の実際

　幼児教育現場においては，絵の具やパスの遊びとして「技法」遊びを取り入れ，主に3歳児以上の1学期（幼稚園）あるいはⅠ・Ⅱ期（保育園）に絵の具やパスと楽しく出会う遊びとして造形活動の内容に組み入れています。子どもが「技法」を楽しんだ事例を紹介しましょう。

【デカルコマニーの事例】チョウチョ（3，4歳児）
ねらい：模様を写してチョウチョの羽の模様にすることを楽しむ。
・クラスで世話をしていた蛹がもう少ししたら羽化しそうな季節に，生まれたらどんなきれいな模様の羽かをイメージして，デカルコマニーで羽の模様をつくります。
・四つ切画用紙二つ折りで作ったチョウチョの羽です。開くときの感動を子どもと共有しましょう。

図7-3　デカルコマニー
チョウチョの模様ができました

【バチックの事例】お洗濯ごっこしよう（3，4，5歳児）
ねらい：パスで模様を描くことや絵の具でのバチックを楽しむ。

- 絵本『せんたくかあちゃん』のようにお洗濯をしてみたいという子どもたちの声から，洗濯ごっこをしようと紐を張って干し場をつくりました。
- Tシャツ・パンツ・靴下などの形に切った画用紙にパスで素敵な模様を描き，上から絵の具を塗っても模様は消えません。何枚も描き，描く度に干すのも楽しい活動です。

図7-4　バチック
ワンピース，かばん，パンツなどが干してあります

6．おわりに：アートの扉を開く「技法」遊びとの出合い

　描画表現の表現技術の中でも「技法」は対応年齢が広く，時空を選べば1，2歳児から楽しい遊びとして経験することが可能です。年齢や学年を追って「技法」をきわめて使えば描画表現技術として成立します。材料遊びと意図的な表現の喫水域にあるともいえる「技法」遊びは，アートの扉を開く鍵となるのではないでしょうか。

第7章　造形表現・図画工作における技法遊びの展開

Column 7
子どもと絵本

　絵本は，挿絵と言葉が，切り離されない形で結び合わされた表現をすることが特徴です。絵本から絵を抜いて言葉だけを残しても，その絵本の魅力は半分も伝わらないでしょう。逆もまたそうです。絵本の作家は，多くの場合，大人です。その大人が，子どもを含む読者を想定して，絵本をつくっています。子どもを読者として想定している以上，絵本では，難解な言葉づかいは用いられず，日常的で平易な言いまわしが駆使されます。とはいっても，平易な言葉づかい，親しみやすい挿絵が使われているからといって，決して，絵本が「子どもだまし」であるというわけではありません。「生」や「死」の意味など，大人でも答えを出せない問いをテーマにした絵本も数多く存在しています。

　さて，幼い子どもと絵本との間には，読み手としての大人がいます。子ども・絵本・大人の三項関係の中で，絵本の読み聞かせは行われます。そのため，子どもと絵本を読むということは，ただ，絵本のメッセージや意味を，大人が子どもに伝えるということだけではなく，絵本のメッセージや意味について，大人と子どもがコミュニケーションし合うということも含んでいます。絵本は，絵本だけでは完結しません。絵本は，読み聞かせる大人と，聞く子どもとの間のコミュニケーションの中にあることで，はじめて意味をもちます。絵本は，子どもにとって，「一緒にいたい人」と「心安らぐコミュニケーションをとることができる」時間と場面を与えてくれるものなのです。その証拠に，子どもは，一度読み聞かせた本を，何回でも読んで欲しがります。なぜでしょう。その子どもは，読み手と過ごせた，くつろぎの時間の余韻をまだ味わい続けたいからです。そして，読み手と一緒に共有した愉快な絵本のストーリーや言葉の響き，鮮やかな挿絵の印象が，何度読み返しても「変わらない」ことを確かめ，安心したいのです。絵本を読み聞かせることで，子ども

とのコミュニケーションが生まれてくる。このスリリングな体験を味わいたいひとは，ぜひ，「文字なし絵本」の読み聞かせに挑戦してみてください。イエラ・マリ（Mari, I）著『あかい　ふうせん』（1976年　ほるぷ出版）の，「あかいふうせん」の旅について，あなたは子どもに何を語り，子どもはあなたに何を語るでしょうか。まさに，その語り合いの中，「いま・ここ」で，この絵本のストーリーはつくり上げられていくのです。

第Ⅲ部
学んで育つ子どもたち
―児童期の子どもの理解と教育―

　児童期になると，子どもたちは，自分の世界を仲間とともに生きるようになります。身体的には，筋肉・骨格が発達し，運動能力が充実してきます。精神的には物事を客観的に考えて行動することができるようになってきます。遊び中心の生活だった幼児期に比べ，目的的な生活や活動ができるようになり，家庭と学校，遊びと勉強というように，生活が目的で区切られ，自分のやり方で目標を設定し，それを達成することに喜びを感じるようになります。

　それは，仲間との世界にもつながっていきます。友だちと交流しながら興味・関心を共有し，目標をもって集団行動をするようになります。自分たちのルールをつくり，役割を分担しながら目標達成に向けて団結する，そうした中で，相手を理解し尊重することや社会規範に基づいて行動し，物事を合理的に処理しながら自分たちの世界を自治することに面白さを感じます。自立の精神がいっそう強くなり，大人から見ると子ども同士で何やら秘密めいたことをしているようにみえてきます。子どもに任す一方で，適切な大人のかかわりや助言・援助も必要な時期です。

　ここでは，学校生活を通して，子どもが学び，成長する姿を追いながら，その教育の在り方を考えます。

第Ⅲ部　学んで育つ子どもたち

第8章
子どもの生活や遊びに基づく
生活科学習

　現在，教職を希望する学生たちに，小学校での学習の中で，印象深く思い出される教科や領域について聞いたところ，そのひとつによく生活科があげられます。興味や関心をもって友だちと仲良く，楽しく具体的な活動をしたことを覚えているようです。生活科創設以来，三十年余りが経過していますが，創設当時の生活科教育のねらいや意図などは大まかに受け継がれながらも，国語科や算数科などのようにひとつの教科と同じような位置づけになり，形骸化やマンネリ化しているように思われてなりません。ここでは，生活科がどのような意図やねらいで創設されたか，また実際に望ましい教育や学習はどのようなものかについて述べていくことにします。

1．生活科の創設について

(1) 生活科創設される前（1980年前後）の学校教育の実情

　1968（昭和43）年度，教育の現代化を目指して学習指導要領が改訂されました。この教育の現代化は，学習内容の高度化と増加を目指し，それに向けて基本的な知識や技能の習得と能力の育成を重視していました。学校教育は，関心や意欲よりも知識理解や技能の習得に力を入れ，知育偏重化教育が加速的に進められていました。それに伴い，戦後のどん底であった経済状況から国内総生

産（GNP）が世界第2位と飛躍的な成長を遂げています。この経済的な豊かさに伴い高校進学率がどんどん伸び，一気に80％を超えるようになりました。そして，水泳やピアノなどのお稽古塾が増え，さらに学習塾が流行り，多くの子どもたちが，学習塾やお稽古などに通うようになり，子ども同士でのかかわりや遊びが少なくなっていきました。

また，学校教育においても，次のような問題や課題がみられました。

・学習内容が多くしかも高度で，授業についていけなく，落ちこぼれ・落ちこぼしの現象が起こっていること
・学習内容の理解度が低下し学習経験が次の学習につながらないこと，また学習が自分の生活や生き方とかけ離れたものになっていること
・小学校の低学年まで系統主義が徹底されたために，保育所・幼稚園との段差が増大したこと
・不登校の子どもが出始め，ニートや引きこもりが増えていったこと
・核家族や少子高齢化が進み，家庭内・校内暴力が多くなっていること
・友だちや地域住民との人間関係の希薄化が進み，学校・家庭・地域の連携が強く叫ばれ出したこと
・子どもたちは，無気力，無関心，無責任，無感動，無作法の五無主義などといわれ，何事に対しても受動的な言動が多くなっていたこと

1970（昭和45）年ごろ，本来子どもたちにとって活動的・活発な学習が望まれるのに，大学から高等学校そして中学校さらに小学校とトップダウンによる系統学習が徹底されることで，体験学習や操作活動を十分に行うことができなくなりました。そのため，学習に対する楽しさや面白さ，満足感や成就感を味わうことが難しくなっていました。このことが，特に小学校の低学年期の子どもたちに顕著に表れ，深刻な問題となりだしました。

(2) 生活科創設の経過について

上述したような問題や課題を克服するために，1977（昭和52）年度に，「ゆとりと充実」のある教育を目指した学習指導要領が公示されました。この指導

要領では,「人間性豊かな児童生徒を育てる目的」から,教育内容を基本的な事項に絞って精選したり,授業時間を軽減したりして「ゆとりの時間」(学校裁量の時間)が新設されました。この「ゆとりの時間」は,教科指導を行うのではなく,学校ごとに地域や学校の特色を生かし,独自のカリキュラムにそって行うようになっていました。そして,特に低学年期においては,抜本的に新教科ならびに新たな教育課程を望む声がありましたが,合科的な指導を十分にできるようにしていくことにとどまりました。

しかしながら,新しい教科(生活科)の創設に向けての動きは,かなり以前から行われていました。すでに,1967(昭和42)年,教育課程審議会の答申で,「低学年の社会科と理科の改善」が示されていますし,1971(昭和46)年,中央教育審議会で,低学年では総合的な教育が可能な教育課程の再検討がなされています。それ以後も教育課程審議会や中央教育審議会,臨時教育審議会などで検討されていきました。そして,二十年余りの歳月を費やし,慎重のうえにも慎重に,何度となく新教科の創設について検討されています。

このようにして,平成元年に新学力観が示され,授業時数は変えずに学習内容を削減し,ゆとり教育の推進を目指した学習指導要領が公示されました。やっと,新教科である生活科が創設されたのです。

(3) 生活科創設の意図やねらいについて

平成元年度に公示された学習指導要領生活科編には,生活科創設の趣旨として次の4つが示されています。

1 低学年児童には具体的な活動を通して思考するという発達上の特徴が見られるので,直接体験を重視した学習活動を展開し,意欲的に学習や生活をさせようとする
2 児童を取り巻く社会環境や自然環境を,自らもそれらを構成するものとして一体的にとらえ,また,そこに生活する立場から,それらに関心をもち,自分自身や自分の生活について考えるようにする
3 社会,自然及び自分自身にかかわる学習の過程において,生活上必要な習慣や技能を身につけさせるようにする

4 学習や生活の基礎的な能力や態度の育成をめざすものであり，それらを通じて自立への基礎を養うことにする

　この趣旨は，創設当時の低学年の子どもたちの状況を踏まえ，学習の主体者である子どもたちを中心に据えながら，学問的，系統的な教材に基づく学習による知識や技能の獲得を目指していた教育から，子どもたちの生活や遊びに基づく学習による自立への基礎や人間・人格形成の素地の育成を目指した教育へ改善・改革することを示唆しています。この趣旨が示されて，もう三十年余り経っていますが，現在においても大切に受け継いでいきたいものです。

(4) 生活科の特徴
①児童中心主義的な教育
　児童中心主義的な教育とは，大人・教師中心の立場からみて教授・訓練するのではなく，子どもの人格とその独自性を認め，子どもの自由・活動・興味・自発性を尊重しています。教育は，子ども一人ひとりの発達を中心として行われるべきであるとする教育の在り方です。生活科は，子どもたちの自主・自発性を尊重しながら，自分自身や自分の生活・生き方を見つめ直し，よりよく生きていく生活実践力の育成をねらっています。つまり，子どもたちが全人教育を通して，知・徳・体の調和のとれた人格形成の素地を養っていくことを目指しています。このようなことから，生活科は，児童中心主義的な教育そのものであるということができます。この児童中心主義的な教育は，これまで大正時代の大正自由主義教育や戦後のコアカリキュラムにおいて実際に行われています。
②総合的な学習
　生活科の学習は，子どもが興味・関心および必要感をもつ生活や遊びにかかわる「ひと」「もの」「こと」など様々なものが学習対象であるので総合的です。また，体の全機能（脳，五感，手足など）を精一杯に働かせて，多彩な方法で，多方面からの追求，即ち総合的なアプローチを行い，自分自身や自分の生活を探究していくことは，総合的な学習であるといえるでしょう。
　そして，知識中心の教育ではなく，子どもの生活を通じて，生活に必要な知識・技能・態度を形成しながら，全一的な人格形成を目指しています。

また，低学年期の子どもは，精神発達上の発達段階では未分化の段階であり，この期の学習は総合的な学習が望ましいと考えられます。

③体験的な学習

　体験的な学習は，座学を中心とする知識注入や詰め込み教育に対して，実際的な活動体験を通して学ぶことをねらった学習形態で，各教科においても多く取り上げられています。しかし，各教科においては，この体験的な学習を課題や問題を解決するための手段や方法的な側面として活用しています。それに対して生活科では，方法的側面だけでなく，体験すること自体を目標とする目的的側面としての意味合いももたせています。学習対象と直接触れ合いながらそれらとの関係を深めると同時に，友だち同士で協同的に活動することで人間的な触れ合いもできる絶好の機会にもなります。このようにして，体験的な学習は，生活や遊びである学習対象に友だちと一緒に直接体験し合っていくことで，自他を理解したり，自分自身や自分の生活を見つめ直したりして自分の変容を促し，よりよいものを見つけ作り出していくことにつながります。

④よりよく生活したり生きたりする基礎の学習

　低学年期の子どもたちは，自我に目覚めかけ，交友関係や行動範囲を広げて，自分の生活を振り返ったり，友だちと比べたりするようになってきます。また，自分自身に対して目を向けるようになり，自分の良さや欠点を感じ取ったり，自分の将来に目を向け，自分の夢や希望をもつようになったりし始める時期です。このような時期では，自己肯定感や自己高揚感など自分自身に自信をもつとともに自分の良さや可能性を見つけたり気づいたりします。だからこそ，この時期に，自分の生活をより楽しくよりよいものにすることを学んだり，将来への夢や希望をもてるようなキャリア教育を行ったりしていくことは大切です。このような教育をする場を大きく担っているのが生活科です。

⑤子どもの興味・関心，必要感に基づく学習

　どの教科や領域の学習においても，学習の主体者は子どもであり，子どもを中心とした学習を行うことを考え，授業を進めていくように心がけています。

　では，授業を考える際に，一番の大本となるものは何でしょう。生活科以外の教科では，おおもとにあたるものは，教材・学習内容ではないでしょうか。教科において系統立てられたり順序立てられたりした教材・学習内容があり，

それらは各学年の教科書に示されています。その教科書に示された内容の枠の範囲内においてこそ、子どもが主体で子どもの興味・関心に基づく学習が行われています。生活科は、教師と子どもとでともに学習を創造していくことをねらっています。全国どこでも画一的に同じような学習が行われるのではなくて、同じ地域でも、また同じ学校の同じ学年でもクラスによって学習の内容や方法が違ってくるものです。このように、授業を考える際に目の前の子どもありきから始まり、子どもの興味関心、必要感をもとに、子どもと教師とで創り上げていくことが生活科の特徴です。

2. 生活科の目標について

　生活科の教科目標は、1999年と2008年の2回の学習指導要領が改訂されても、創設されたときと変更されることなく、次のようになっています。

> 具体的な活動や体験を通して、自分と身近な人々、社会及び自然とのかかわりに関心をもち、自分自身や自分の生活について考えさせるとともに、その過程において生活上必要な習慣や技能を身に付けさせ、自立への基礎を養う

　生活科の目標の最終的なねらいは、最後の「自立への基礎を養う」ことを目指していました。2017年の3回目の改訂では、根本的に大きく変わることなく次のようになっています。

> 具体的な活動や体験を通して、身近な生活に関わる見方・考え方を生かし、自立し生活を豊かにしていくための資質・能力を次のとおり育成することを目指す。
> （1）活動や体験の過程において、自分自身、身近な人々、社会及び自然の特徴やよさ、それらの関わり等に気付くとともに、生活上必要な習慣や技能を身に付けるようにする。
> （2）身近な人々、社会及び自然を自分との関わりで捉え、自分自身や自分の生活について考え、表現することができるようにする。

（3）身近な人々，社会及び自然に自ら働きかけ，意欲や自信をもって学んだり生活を豊かにしたりしようとする態度を養う。

　生活科においては，これらの目標を達成していきますが，筆者は，その背景には，最終的に次のようなことを育もうとしていると考えます。
　生活科の学習を通して，自分のよさや可能性に気づいたり高めたりしていくことです。子どもたちが生活者として，また一人の人間として生きていくという主体者意識を高め，自尊感情や自己肯定感の育成につながっていると考えます。また，生活科は総合的な学習ですので，気づきや習慣・技能を高めるだけでなく，感性・徳性なども重視して，人間性を調和的，全面的に育成させる全人教育を目指しているといえます。さらに，これからの長い生涯学習社会のスタートとして，友だちと協力し合ったり，互いに学び合ったり，支え合い認め合ったりしていきます。この過程を通して，「友だちと学ぶ楽しさ」や「わからないことがわかる」「できないことができるようになる」ことで学ぶことの楽しさや大切さを実感することができます。そして，自分自身の成長に気づいたり，よりよく生活したり生きることにつながることで，学ぶことのすばらしさを体得していくこともねらっていると考えます。

3. 生活科の内容

　これまでの学習指導要領には，生活科の内容として，子どもの生活や遊びなどの日常生活の対象である様々な「ひと，もの，こと」を①学校と生活，②家庭と生活，③地域と生活，④公共物や公共施設の利用，⑤季節の変化と生活，⑥自然や物を使った遊び，⑦動植物の飼育・栽培，⑧生活や出来事の交流，⑨自分の成長の9つが掲げられています。また，それぞれの内容には，学習活動，気づきなど一人ひとりの思考や認識，一体的に育まれる能力・態度が示されています。
　2017年の改訂で，9つの内容の文言が変わっている程度ですが，「学校，家庭及び地域社会に関する内容」として上記の①，②，③，「身近な人々，社会及び自然と関わる活動に関する内容」として④，⑤，⑥，⑦，⑧，「自分自身

の生活や成長に関する内容」として⑨のようにまとめられています。

4. 子どもの生活や遊びに基づく生活科学習の実際

(1) 単元構成例「第1学年：秋を見つけよう」

　本単元では，夏から秋へと季節の移り変わりに気づき，秋に関係する「ひと，もの，こと」を子どもたちが自ら見つけ，様々な方法で表現することがねらえます。「秋」に対する学習対象は，子どもたちにとって格好の遊びや学びの対象になります。秋の夜長を楽しませてくれる秋の虫，春から栽培しているアサガオやヒマワリの種の収穫，野山や公園の美しく紅葉する木々などです。また，暮らしにおいても夏と違ってきており，使う道具や着る物など様々な学習対象物が考えられます。このような活動を通して，四季の変化や季節によって生活の様子が変わることに気づくことができます。秋らしい対象物を使って，友だちと工夫したり協力し合ったりして製作や造形作品を作り，それらを使って仲良く遊んだり，自分たちの楽しい家庭・学校生活をしたりして秋を満喫することができます。そして，単元のまとめとして，秋を味わいながら楽しく遊んだり学んだりしたことを発表する会を位置づけたいです。

【単元目標】
- 季節の変化に伴う暮らしや動植物，落ち葉・木の実などに興味・関心をもち，採集・収集・造形・製作などの活動に進んで取り組み，活動したことを用いて楽しく遊んだり会を開いたりすることができる（関心・意欲・態度）
- 秋について見つけたことを話し合ったり絵や文などで表したり，それらの特徴を生かした造形・製作活動をしたりすることができる（表現・技能）
- 様々な体験活動を通して，季節が秋に変化していることを感じるとともに，草花や生き物，人々のくらしの様子などが変化していることを見つけたり気づいたりすることができる（気づき）

【単元構造表】
〈主な経験活動〉
　　ア　秋の草花を見つけよう（7時間）
　　イ　くらしの秋を見つけよう（5時間）
　　ウ　秋の虫を採集して遊ぼう（8時間）
　　エ　落ち葉や木の実を採取して遊ぼう（10時間）
　　　具体的な経験活動
　　　　①秋の木々の様子について話し合い，落ち葉や木の実を収集しに行く計画を立てる
　　　　②落ち葉や木の実を拾いに出かける
　　　　③集めてきた物を見せ合ったり，それらの使った活動について話し合ったりする
　　　　　　・色，形，大きさ
　　　　　　・造形や製作活動など
　　　　④落ち葉や木の実で，作ったり遊んだりする
　　　　　　・葉のスタンプやしおり，生きもの作り　など
　　　　　　・こま，やじろべえ，おきあがりこぼし，笛，マラカス　などの製作
　　　　⑤作ったものを見せ合ったり遊んで楽しかったことを発表し合ったりする
　　オ　秋の種まきや球根を植えよう（10時間）
　　カ　お世話になった人を招待して，秋の発表会をしよう（10時間）
　　　※主な経験活動の（　）の時間数は生活科の時間だけでなく，各教科・領域との総合的・合科的な扱いを含めたものです。

(2) 活動の概要

　上記の「単元構造表」の「主な経験活動　エ　落ち葉や木の実を採取して遊ぼう」から「具体的な経験活動　④　落ち葉や木の実で，作ったり遊んだりする」を取り上げて，指導例を以下に示します。

【図画工作科や国語科との総合的・合科的な学習の例】
　山々や野山ならびに公園の木々が色づき始めた秋たけなわのころ，子どもたちは，秋を見つけに出かけて気に入った落ち葉や木の実を集めて学校に帰ってきます。きれいな色や形のものを見せ合ったり，同じようなもので仲間分けをしたりしました。その後，この落ち葉や木の実を使って何か作れないかなと呼びかけると，子どもたちは，採集してきた落ち葉や木の実などを使ってチョウチョや魚などを作り出しました。そのうちに，ライオン，ウサギ，イヌ，キツネなど生き物を作っていました(図8-1)。様々な落ち葉や木の実から，落ち葉の色や形の特徴を生かしながら造形活動に夢中になっています。このような活動は，図画工作科の内容A表現の「造形遊びをする活動」（学習指導要領より）そのものであり，生活科と図画工作科との合科的（総合的）な学習であるといえるでしょう。
　また，国語科において学習している単元名「いろいろなお話を読もう」，題材名「おとうとねずみチロ」と関連させ，題材では「ねずみ」であるが，子どもたちが作った生き物，例えば，キツネ，ウサギ，トリに変えて，ペープサート劇にしていくことができます。題材文の中にセリフや様子を付け加え，ペープサートの動かし方を工夫したりして，登場人物の気持ちや思いを表したりすることができます。このように国語科の学習のねらいと生活科の学習のねらいとのどちらも達成することができます。

図8-1　落ち葉や木の実で作った作品

【図画工作や特別活動との総合的・合科的な学習の例】
　同じように，秋見つけで採集してきたどんぐりを使ってドングリごま大

会を行います。作るための道具や作り方そして特に危険に注意することなどについて話し合った後，子どもたちがよく回りそうなドングリを選んでドングリごまを作ります。そして，誰の作ったこまが，一番よく回るか競争します。その決め方についても，みんなで話し合って決めます。まずグループで3回競争して順番を決めます。それから，各グループの順番ごとでグループをつくり競争し，各グループのチャンピオンを決め，その人たちを表彰します。このような活動において，作っていく活動は図画工作科で，ドングリごま大会は特別活動の学級活動で総合的・合科的な学習として扱うことができます。

また，「主な経験活動　ウ　秋の虫を採集して遊ぼう」から，以下の実践例をあげます。

【音楽科や体育科，図画工作科との合科的・関連的な学習の例】
　ここでは，採集してきたコオロギやウマオイ，マツムシなどを観察したり，それらの虫と遊んだりする活動をします。そのとき，歌唱「虫の声」「どんぐりころころ」「まっかな秋」などを音楽科の内容Aの「歌唱の活動」と関連させて学習することができます。また，虫の動きを観察したり気づいたりしたことをもとに，体育科の内容A「体づくりの運動」での多様な動きをつくる運動遊びや内容F「表現リズム遊び」での身近な動物の特徴をとらえて表現する遊びなどの学習ができます。さらに，図画工作科の内容A「表現」での粘土や人工の材料を使って「虫づくり」などの造形遊びも行うことができます。
　これらは，総合的な学習や合科的な学習，関連的な学習としての一例にすぎません。生活科においては，ひとつのある活動から子どもたちの興味・関心や必要感に基づいて，どんどんと広がり深まりのある学習が連続して行うことができるのです。

このように，小学校低学年期の教育は，戦後のコアカリキュラムのように生活科を核としながら，生活科の学習の中に，各教科や領域の目標や内容を無理なく含めこめるものは，総合的な学習として一緒に扱うことができます。また，生活科の学習内容・方法によって，各教科や領域と合科的に扱うことが望ましいです。さらに，生活科の学習と学習対象や学習内容・方法が各教科や領域と同じであったり似通ったりしているものがあるときは，扱う時期などを合わせて関連的に学習することができます。これら以外の場合，それぞれの教科は独自的に教科学習として各教科のねらいを達成するように取り組みます。児童中心的な教育である生活科は，子どもの自主・自発や感性，生活形成者などの育成を目指すとともにその過程で様々な気づきや技能の習得も可能です。一方，学問中心的な教育である各教科は，これまでの先人が築いてきた科学や文化などの遺産を継承するための確かな学力，基礎基本の確実な定着を目指します。この二つの教育が，互いに補完し合いながら，両輪として働き合って子どもを全面的に育成していくことが，望ましい小学校低学年期の教育のあり方であると考えます。

5. おわりに

最近は，保育所・幼稚園のアプローチカリキュラムと小学校低学年のスタートカリキュラムなど互いに連携が進められてきたこともあり，小1プロブレムの問題や課題が，少し改善されてきたように思われます。生活科は，もともとこれらのことが起こらないようにするために，保育所や幼稚園で行われている活動を踏まえ，保育所や幼稚園と小学校低学年の段差解消を目指して創設されたものです。創設以来三十年余りが過ぎ，形骸化したりマンネリ化したりしているように思われます。創設当時の意図やねらいに立ち返り，実施されている生活科の現状を振り返り，より望ましいものに創りあげていくことが求められています。生涯学習社会のスタートを切る小学校低学年期においては，基礎・基本的な知識や技能などの学力も大切ですが，その前に，学習する楽しさや面白さ，学び方，学ぶ意欲や態度，それに仲間意識や人間関係などを育んでおくべきではないでしょうか。この時期にこそ，人格・人間形成の素地，自分のよ

さや可能性を感じ取って生きていく自立への基礎を養っていくことを具現していきたいものです。

Column 8
介護等体験について

　小学校及び中学校の教職の普通免許状授与にかかわる教育職員免許法の特例等に関する法律，略して介護等体験特例法が平成9年に制定され，平成11年に改正されています。それ以後，小学校および中学校の教職の免許状を取るためには必修のものとなっています。この法律の第一条（趣旨）では，義務教育に従事する教員が個人の尊厳及び社会連帯の理念に関する認識を深めることや障害者，高齢者等に対する介護，介助，これらの人との交流等の体験を行わせることなどが示されています。また，この法律等に関する法律施行規則の第一条（介護等の体験期間）では，この体験の期間は，7日間となっています。大学で行われているこの科目は，3回生の前期に集中講義として位置づけられています。そして，体験を受ける前の事前指導と受けた後の事後指導の授業を受けるとともに，特別支援学校での2日間と社会福祉施設での5日間とを合わせて7日間の介護等体験実習を行うことが義務づけられています。

　教師の仕事の基本は，子ども（人間）理解とコミュニケーションの能力であるといわれます。子どもたちは，様々な家庭環境の中で育ち，それぞれの発達段階や個性をもっています。教師の仕事は，そのような子どもたち一人ひとりの人間理解をすることから始まります。子ども理解をする大切な手段の1つがコミュニケーション能力ですが，言葉だけでなく，それ以上に表情やしぐさ，態度，などからも理解することが大切になります。また，子ども理解をするとともに，子どもの立場を受け止め，共感的・受容的な人間関係を築いていくことも重要です。そして，子どもたち一人ひとりの人格や個性を尊重するとともに，子どもたち一人ひとりの教育的ニーズに応じたきめ細かい指導・教育を実践していくことが教師の仕事です。

　この体験実習を通して，教職を目指す人たちには，普段接することの少ない様々な人々の生き方や生活のありように気づき，人とのかかわり，人を援助や支援するときに大切にすべき姿勢や支援などを体験的に学んでほしいです。また，弱者への人権意識を高め，鋭い人権感覚を育み，ノーマライゼーションやインクルージョンの思想を受容しながら，自分が目指す教師像を広い視野から模索するようになってほしいものです。

第Ⅲ部　学んで育つ子どもたち

第 9 章
子どもの豊かな見方や
考え方を育てる国語科教育

1. 小学校国語科では何を学ぶのか：これからの国語科では

　小学校の国語科で何を学ぶのかは、小学校の学習指導要領で規定されています（文部科学省, 2011）。教えるべき教科内容としては、「話すこと・聞くこと」「書くこと」「読むこと」の3領域と「伝統的な言語文化と国語の特質に関する事項」から構成されています。つまり、国語科では、「話す・聞く」「書く」「読む」の力を高めることが目標とされます。そのため、「読むこと」を例にあげると、物語教材「ごんぎつね」を読み深め、「ごんぎつね」の話がよくわかることが目標ではなく、「ごんぎつね」の教材で「読む力」を育てることが目標となります。教材内容を学ぶのが目的ではなく、教材で「読む力」を高めることを目指すところが、国語科での学びの特徴です。

　学習指導要領（文部科学省, 2017）の国語科の目標では、「言葉による見方・考え方を働かせ」ということが新しく入っています。また、指導計画の作成にあたっては次の点に留意することがあげられています。

　　・児童の主体的・対話的で深い学びの実現を図るようにすること。
　　・言葉による見方・考え方を働かせ、言語活動を通して、言葉の特徴や使い方などを理解し自分の思いや考えを深める学習の充実を図ること。

この章では，このような改訂のポイントを踏まえたこれからの授業づくりについて，「読むこと」の具体的な実践を取り上げて見ていくことにしましょう。

2. 言葉による見方・考え方を働かせ，自らの見方・考え方を拡げる授業

ここでは，子どもたちが，詩に表現された見方・考え方について自分の考えを深め，自らの見方・考え方を拡げ，豊かな情報の受け手・送り手として育てていける学習の場をどのようにつくり出していくのか，実際の4年生での詩の授業を取り上げて見ていきましょう。

(1)『手紙』
①詩に表現された自分にない見方に気づく
「自分の見方・考え方」と「詩を書いた人（作者）の見方・考え方」を比べながら読んで，楽しんでみようと学習のめあてを子どもたちと確かめました。
子どもたちがもっている日常の既成概念が問い直されるような詩と出合うことにより，「自分の見方・考え方」を意識し，自分とは違う見方を知ることの面白さを感じてほしいと思い，『手紙』（『星の美しい村』銀の鈴社　1974年）の詩をまず読むことにします。
②言葉に対しての「自分の見方や考え方」を意識化する
まず，題名の「手紙」だけを板書し，「手紙」という言葉を聞いて浮かんでくることを出し合いました。子どもたちからは，「ポスト，郵便屋さん，はがき，年賀状，かえる君のお手紙，封筒，紙に書いた文字，封筒，返事」などが出ました。手紙に対する日常の子どもたちの知識や経験が思い起こされました。
③『手紙』の詩（言語表現）との出合い
『手紙』の詩を印刷したプリントを配り，読み聞かせをしたあとで感想を聞くと，「へえ，そんなものが手紙と考えたことはなかった。でもなるほどと思う」「なぜ，庭にまいおりるたんぽぽのわた毛が手紙なのか。わけがわからない」といった2つの反応に代表されるように，詩に表現された手紙に対する作者の見方に関心が集まりました。

> 　　　手　紙　　　　　　　鈴木敏史
>
> ゆうびんやさんが　こない日でも
> あなたに　とどけられる／手紙はあるのです
>
> ゆっくり過ぎる／雲のかげ
> 庭にまいおりる／たんぽぽの　わた毛
> おなかをすかした／のらねこの声も
> ごみ集めをしている人の／ひたいの汗も……
>
> みんな　手紙なのです／読もうとさえすれば

④自分と違った見方・考え方に出合う

　その後，次のような学習の手引きを提示し，反応を書き込む学習をしました。

> 【「詩の学習」のてびき】
> 　作者の詩に表現された，見方・考え方はどうでしたか
>
> (a)
> > ○わたしもそう思っていた。(同じ)
> > ★そんなこと思っていなかったけど，なるほどそうだな。
> > 　※そんなのだったら，こんなこともある，と想像してみよう。
>
> (b)
> > ？よくわからない
> > ×そうは思わない
> > 　※なぜ，こんなふうに書いているのか考えてみよう。

⑤テキスト（詩に表現された作者の見方との対話）

　子どもたちそれぞれの見方・考え方と，『手紙』に表現された見方・考え方

第９章　子どもの豊かな見方や考え方を育てる国語科教育

を比べてたことをもとに，筆者の見方を捉えるための話し合いをしました。

先生１：『手紙』の詩はどうでしたか。「ここはよくわからない」という表現はありましたか。
Ａさん：「ゆっくり過ぎる／雲のかげ」と書いているけど，どうしてそれが手紙なのかわかりません。
Ｂさん：私もはじめはわからなかったけど，かげを見て，雲がわたしはここにいるよと言っている手紙かなと思いました。
Ｃさん：私は，「庭にまいおりる／たんぽぽの　わた毛」なんか今まで手紙と思っていなかったけど，確かにたんぽぽさんからの命の手紙だと思えて，なるほどと思いました。
Ｄさん：私も手紙とは思ったことがなかったけど，「遠いところから飛んできたよ。ふまないでね」と言っている気がしました。
Ｅさん：ぼくは，「ごみ集めをしている人の額のあせ」なんか手紙だなんて思ったこともなかったけど，ぼくたちが読もうとしたら「がんばっているよ」というぼくらに届けられているメッセージだと思いました。
先生２：皆さんは，手紙は文字で紙に書いたものという見方をしていました。でもいろいろなものからのメッセージと考えると，詩の表現の様な見方で手紙と思えるようになりますね。
Ｆさん：そんなんが手紙やったら，給食を作ってくれているおばさんの汗も手紙やし，セミの鳴き声も手紙になるし，読もうとしたらいっぱい考えられるやん。

このような話し合いをする中で，作者の見方を通して，考えられることや気づけることができてきました。するとＦさんが上記のような発言をしました。書き込みでは，よくわからないが多かったＦさんですが，詩に表現されたものの見方が，友だちの発言を聞くうちにわかってきて，自分なりに作者のものの見方を通して，周りのものを捉え直そうとしている様子がうかがえました。この発言をみんなに返して，手紙の詩に自分の考えた手紙を付け加えようと投げかけました。

⑥詩に表現された見方をまねて，自分で身の回りのものを捉え直し表現する

予想以上に楽しんで，詩から学んだものの見方と自分なりの見方が合わさった個性的な手紙を見つけ，詩に書き加えることができていました。

【子どもたちの考えた『手紙』（詩への書き加え例）】
　◇木の葉の色の変化も　　◇もうすぐ咲きそうなつぼみも
　◇さわやかな風も　　◇ボールで割られたガラスの音も
　◇木からできる一枚の紙も　　◇お父さんのおおきないびきも
　◇元気になくにわとりの声も　　◇散ってくるさくらの花びらも
　◇休みをつげるチャイムの音も　　◇風でゆれる木の若葉も
　◇春にやってくるつばめの声も

「郵便屋さんがこないのにどうして届くの」「なぜ，手紙なのか意味がよくわからない」という反応も結構ありましたが，手紙という言葉について，作者の見方を通して考えていくうちに，自分の見方を拡げていけました。

【学びの振り返り例】
- この詩に出てくる手紙は，文字じゃなくてメッセージのようなものだと思う。だから，読もうとさえすれば，感じられると思いました。
- 『手紙』の詩の勉強をして，思ったことは，私たちのまわりにも，いろんな手紙があるんだなと思いました。『手紙』の詩に出ていた以外に，運動場に転がっているボールだとたぶん，「忘れないで，拾って教室につれていって」といってるんだと思います。他にも，せみの鳴き声や消しゴムとか，読もうとすればみんな手紙です。

(2)『さくらのはなびら』
①いろいろな詩の表現と出合い，自分の見方や考え方を拡げる

「身の回りのいろいろなものが，手紙だとすれば，散っていくさくらの花びらはどんな手紙だろう」と投げかけ，次は，まど・みちおさんの『さくらのは

なびら』(『まど・みちお全詩集〈新訂版〉』理論社　2001年）の詩と出合わせることにします。

②自分の見方や考え方を意識する

　『さくらのはなびら』の題名を板書し，この言葉から浮かぶことや感じることをまず出し合いました。子どもたちが「さくらのはなびら」という言葉から思い浮かべたことは，次のようなことです。

・さくらの花びらはきれい　・ひらひらと散る　・小さい
・きれいな色　・ふわふわ　・散ったらおしまい　・むなしい
・自分もひらひらしたい　・花吹雪はきれい　・入学式

---

③自分の見方や考え方と比べて読む

　その後，詩を各自で音読し，先に示した手引きの観点で書き込みを各自がしました。その際に，自分だったらこんな表現はしないと思うところがあれば，線を引いておきます。「いや　ちきゅうに　とって／うちゅうに　とって」など，『手紙』の詩よりも子どもたちの書き込みは，よくわからないマークが多くつけられました。

　　　　さくらのはなびら　　　　　まど・みちお

えだを　はなれて／ひとひら
さくらの　はなびらが／じめんに　たどりついた

いま　おわったのだ／そして　はじまったのだ
ひとつの　ことが／さくらに　とって
いや　ちきゅうに　とって／うちゅうに　とって

あたりまえすぎる／ひとつの　ことが

> かけがえのない／ひとつの　ことが

　そこで，よくわからないけど，こういうことかな，ということも書き込んでみるように声をかけました。
④まず，感じたり，思ったりしたことを聞き合う

　　Aさん：「さくらのはなびらがたどりついた」のところで，花びらが散ったじゃなくて「じめんにたどりついた」のところが，表現がかわっている。
　　Bさん：「たどりついた」だと時間をかけてという感じがする。
　　Cさん：走ってゴールしたみたいだから面白い。
　　Dさん：さくらの花びらがひらひらと舞ってきて，地面に落ちたのが浮かんできた。
　　Eさん：よくわからないところがたくさんあった。

　子どもたちは，「たどりついた」という作者の見方が出ている言葉に立ち止まり，自分の見方では「散った」なのにと表現を比べ，「いまおわったのだ」「いまはじまったのだ」「うちゅにとってかけがえのないこと」など，表現された言葉から，作者が何を考えているのかを探り始めました。
⑤作者の見方や感じ方を自分のものにする
　次に作者がどのような見方をし，何を考え感じているのか，表現に立ち止まり，想像したことを伝え聞き合います。

　　先生1：よくわからないという人が多かったところを，どう読んでみたのか，みんなで聞き合ってみましょう。
　　Aさん：「いま　おわったのだ／そして　はじまったのだ」って書いてるけど，何が終わり何がはじまったのかよくわかりません。
　　Bさん：前のさくらの花が地面に落ちて，また咲いたということかなあ。
　　Cさん：「おわったのだ」は，春が終わって全部散ることで，始まったのだ

ということは，後の夏秋冬が過ぎてまた，新しく咲いてまた散ることの始まりという意味だと思う。

Dさん：「さくらに　とって／いや　ちきゅうに　とって／うちゅうに　とって／かけがえのない／ひとつの　ことが」って書いてるけど，そんなにさくらは大切なものなのか。

Eさん：「かけがえのない／ひとつの　ことが」という表現がいい。その理由は，かけがえのないちっぽけなものが，大きな地球をつくっているもとで，だからこの詩はおもしろい。

Fさん：はじめは，全然わからなかったけど，何回も読んで意味がわかってきた。あたりまえだけど，散ってまた咲くという繰り返しが，「かけがえのない／ひとつの　こと」で，さくらの気持ちがわかったし，命ということもわかった。

Gさん：はなびらが散ったら終わりやけど，土になって栄養になって，新しいはなびらになってまた咲くということ。

Hさん：「いま　おわったのだ／そして　はじまったのだ」の表現がいい。想像したら「いま　おわったのだ」は，はなびらが散ってかわいそうだけど土にかえって，そして始まったということで，また，芽になって出て，新しい人生を始めるから，たどりついてほっとしていると思う。

Iさん：さくらのはなびらは，散ると終わりだけど，やがて土にかえり，今度はまわりの植物をささえる。どんなものだって支え合っているのがわかった。

⑥詩の表現と対話し，自分と違った見方や感じ方に出会ことを楽しめたか

　詩の表現と出合い，自分にはない見方，感じ方に出合うことは，新鮮で子どもたちは楽しかったようです。互いの読みを聞き合う中で，自分一人の読みでは，できなかった見方や感じ方も自分のものにすることができました。よくわからなかったマークを書き込むことが多かったAさんでしたが，友だちの意見を聞く中で，いろいろな見方や考え方に触れる機会を楽しむことができました。

【Aさんの学習の振り返り】

　自分の見方，感じ方をひろげる勉強をした。『手紙』の詩で，「おおきなくものかげ」や「のらねこのなき声」「たんぽぽのわた毛」とかいろんなものが，読もうとさえすれば手紙になることに気づけてよかったです。作者の鈴木さんの見方はおもしろいです。自分でもいろいろな手紙を見つけたいです。『さくらのはなびら』は，はじめはむずかしかったけど，作者のまどさんの見方がわかってなるほどと思いました。自分が思いもしなかったことがいろいろあっておもしろいと感じました。

(3) 詩の学習から読書生活へ

　ひとつの詩を精読し，読み深めていくことは，読みの力を育てるうえでも大切な学習です。一方で，ひとつの詩で読めるようになったことを生かして，次の詩が読めるようにチャレンジしていく学習も大切です。

　重ね読んだり，比べ読んだりすることにより，個々の教材で学んだことがはっきりと理解できてくることも多いのです。先のAさんや子どもの学びからは『手紙』と『さくらのはなびら』を重ね読むことで，作品の表現から作者らしいものの見方を見つけ，自分のものの見方を拡げている様子がわかるでしょう。さらに，国語科の読むことの学習で目指すところは，子どもたちの読書力，読書生活を豊かにすることです。そのためには，教室での学習を，読書につなげていく工夫も必要となります。この単元では，子どもたちの読書生活につなげるため，朝の読書の時間に，見方や考え方を揺さぶられる詩を紹介し，読んでいくことにしました。このときに，どのような詩を重ね読んでいくか，意図的な計画が大切です。なかなか詩を選ぶのは大変ですが，教師にとっても楽しい読書の時間になることも多いです。重ね読みでは，次のようないくつかの観点があります。

　①同じものの見方や感じ方の作品を選ぶ（よく似た題材，違う題材）
　②同じ題材だが，違う見方や感じ方の作品を選ぶ
　③いろいろな見方が学べる詩を選ぶ（既成の概念が揺さぶられる詩）
　④同じ作者の詩集を読む

ここでは，①②の観点から選んだ詩を紹介してみましょう。
①の観点から選んだ詩『落葉』
　次の『落葉』（『地球ばんざい（まどさんの詩の本）』理論社　1996年）の詩を読んだ子どもたちは，まどさんの「『さくらのはなびら』の詩と同じや」といいながら声に出して，『落葉』の詩を読んでいました。『さくらのはなびら』の詩に重ねて読むと，詩に表現されたまどさんの見方や思いがよくわかってきたようですね。

　　　　落葉　　　　　　　　　　まど・みちお
人の耳には　ただ／「かさっ…」としかひびきませんが
その一言を　忘れる落葉はありません
金色の秋の空から　おりてきて
いま　地面にとどいた／という　一しゅんに

「ただいま…」／なのでしょうね　それは
長い長い旅のバトンタッチを終えて／ようやっと　ふるさとの
わが家の門に　たどりつき／ようやっと　それだけ言えた
そして　たぶん　それには／大地のお母さんの
「おかえりなさい…」／も重なっているのでしょう
「おつかれさま／さあ　わたしの胸でゆっくりお休み…」
という　思いのこもった
そのうえ　ほんとうは　それには／宇宙のお父さんの
「さあ　元気にいっておいで…」／もまた　重なっているのでしょう
大地に休むということは，／明日の命　育てるための
「土」への　出発なのでしょうから

人の耳には　ただ／「かさっ…」としかひびきませんが

②の観点から選んだ詩『落葉のはがき』(『詩の指導事例63』大阪府科学教育センター　1992年)

　「同じ落ち葉を見ても，詩に表現することが，こんなに違うんだと驚きました。鴻森さんの見方もおもしろいけど，わたしは，まどさんの見方が好きです」と一言感想にBさんが書いていました。先のAさんやBさんが秋になり落ち葉をどのような思いで見るのか。やがて春になり散りゆくさくらの花びらに何を感じるのか楽しみになりますね。

　　　　落葉のはがき　　　　　　　鴻森正三
　落ち葉は／春夏秋の思い出が／ぎっしり書かれたはがきです
　木枯らしは／はがきを集めて持ってゆく／
　ゆうびんやさんね／ごくろうさん
　今日もまた／となりの家にも向かいの家にも／たくさんとどく
　わたしの机の上にも一枚／よくみると
　こまかいすじとその色で／深いことばがわかります

　たき火をして／古いはがきをもしました
　夜空に／けむりといっしょに消えました

3.　これからの国語科教育

　ここまで，具体的な詩の授業をとり上げ，「言葉による見方・考え方を働かせ，言語活動を通して，言葉の特徴や使い方などを理解し自分の思いや考えを深める学習」についてみてきました。自分が小学校で学んできた詩の学習を思い起こしてみて，どのような感想をもつでしょうか。紹介した詩の学習の流れは，次のようになっています。

1.　言葉に対する自分の見方・考え方を意識化する。(読者主体となる)
2.　詩に表現された見方・考え方に出合う。(テキストとの対話)

3．詩に表現された作者の見方と自分の見方を比べる（作者との対話）
4．作者の見方を自分のものとし，その見方で表現をする。（表現活動）
5．いろいろな詩に出合い，自分の見方・考え方を拡げる。（読書・表現活動）

　実は，このような意図的な学習の流れは，これからの国語科教育で充実が求められる「児童の主体的・対話的で深い学び」の実現に向かうものです。
　①「手紙」の詩に書いてあることがわかる（教材の内容がわかる）ことにとどまらず，②「手紙」を主体的な読者として読む（主体的，対話的な学び）ことを通して，③「手紙」の詩を読んで，考えたこと，学べたことを生かし表現すること（読む力，表現力の向上）へ進めることが，求められる「深い学び」の実現に向かうことになります。「読む」ことは，「読む力」を育てることを目指します。実は，その「読む力」が育つことは，取り上げた授業の子どもの学びが示すように，子どもの言葉による見方・考え方を育てることであり，「書くこと」「話すこと表現する」力を育てることにもなっているのです。このように，「読むこと」の学習を核として，表現する力をともに育てることが，これからの国語科教育ではさらに，重要になっていくでしょう。子どもの学習意欲を高め，言葉の力が育つ授業の実現を目指しましょう。

Column 9
子どもに生きる教材研究

　「教材研究が，授業にはあまり役立たず困っています。どうしたらいいでしょうか」とよく相談を受けることがあります。そんなときには，「教材研究は，授業づくりに欠かせないものですが，最終の目的ではありません。先生は，何のために教材研究をするのですか」と尋ねることにしています。教材研究を何のためにするのか，教材研究のゴールを見定めておかないと道に迷ってしまいます。教材研究のゴールは，担当の子どもたちとの授業です。明日の授業をどう子どもとつくるかの設計図づくりが教材研究の目的です。では，ゴールを目指して教材研究を始めましょう。

ゴールを見定める
　子どもが「何をわかればいいのか」「さらに何ができるようになればいいのか」つまり，子どもたちが，この教材で何を学ぶことができればよいのか，はっきりさせることです。目標については，学習指導要領で規定されています。

教材が目標に合っているのかを確かめる
　ここで気をつけなければいけないのは，教材が先にあるのではなく，まず学ぶべき目標があるということです。目標とする力をつけるのに，適した教材でしょうか。この観点から教材研究をしておくことは欠かせません。

子どもの学びに沿った教材研究がメイン
　教材の分析は，1時間，あるいは単元を通した学びの道筋に合わせて行うことがポイントです。これが，メインの教材研究になります。子どもたちが，目標に向かって，どのように学んでいくのか，難しいと感じるところはどこか，つまずきやすいところはどこか，学び合うポイントは何かと，子どもの立場から学びの道筋を予想することです。学びの流れが予測できれば，どのように学ばせていくか，どのように教材を使い支援していくか，子どもと歩く道筋が見えてきます。最後の仕上げは，学級のゴールとともに，一人ひとりのゴールを見定めておくことです。一人ひとりに確かな力をつけていくためには，個の学びを確かめ支援していく形成的な評価は欠かせません。このような個に応じ育てる評価が，子ども一人ひとりの学びの意欲や自己肯定感を育みます。

　最後になりますが，授業後の振り返りは欠かせません。明日につながる貴重な教材研究となります。子どもに生かせる教材研究を楽しみたいものです。

第10章
子どもの科学への興味を高める理科教育

1. 理科で何を学ぶか

　この章では，小学校で理科の授業をするとはどういうことか，それには何が必要かということについて説明していきます。そのため，小学校の理科で何を学ぶかということから考え始めていきましょう。まず，科学教育という面からは，科学知識，科学法則，科学的手法や，科学的な考え方の基礎を学ぶことが目的となります。一方，小学校の理科で学ぶべきことは，「小学校学習指導要領」（文部科学省，2008）で規定されています。そこには，理科の目標として

　　・自然に親しむこと
　　・見通しをもって観察，実験などを行うこと
　　・問題解決の能力を育てること
　　・自然を愛する心情を育てること
　　・自然の事物・現象についての実感を伴った理解を図ること
　　・科学的な見方や考え方を養うこと

の6項目が書かれています。これは，小学校教育は単に学問を学ぶだけでなく，人間教育などの側面があり，そのため例えば，「自然を愛する心情を育てるこ

と」などが理科教育の目標に含められます。これは，自然環境を大切にし，自然環境の保護する態度の育成など，環境教育にもつながります。小学校の理科の授業では，この科学教育と学校教育の2つの側面をもつことを考えながら，授業をしていくことが必要になります。さらに，2020年からの学習指導要領では，理科の目標は，

- 自然の事物・現象についての理解を図り，観察，実験などに関する基本的な技能を身に付けるようにする
- 観察，実験などを行い，問題解決の力を養う
- 自然を愛する心情や主体的に問題解決しようとする態度を養う

に集約されます。特に，小中高校のすべての学習指導要領で，児童生徒が主体的に学習する姿勢と，学ぶ内容だけでなく，どのような能力を身につけるかということが重視され，それが小学校理科にも反映されます。これからの小学校理科の授業では，子ども主体で，問題を科学的に解決する学習活動がより重要となっていきます。

2. 理科の授業

　小学校の理科は，「A 物質・エネルギー」と「B 生命・地球」の2つの区分に分けられています。そして，中学校との接続を意識し「A 物質・エネルギー」は，「エネルギー」と「粒子」を，「B 生命・地球」は「生命」，「地球」を柱とした内容の系統に分けられます。さらに高校になると，「A 物質・エネルギー」は「物理」，「化学」に，「B 生命・地球」は「生物」，「地学」につながっていきます（表10-1）。理科を勉強するうえでは，同一学年間での横のつながりと，学年校種を超えた縦のつながりの2つを意識して授業をすることが大切です。これは，科学自体が知識の積み重ねと応用によって発展してきたからです。
　理科の学習において，他教科と最も違う点に「実験」と「観察」があげられます。実験と観察は，観察・実験とひとまとめにいわれてしまうことも多いのですが，対象により実験と観察は使い分けなければいけません。例えば，水の

第10章　子どもの科学への興味を高める理科教育

表10-1　理科の内容区分

A 物質・エネルギー		B 生命・地球	
エネルギー	粒子	生命	地球
物理	化学	生物	地学

沸点を知りたい場合を考えてみましょう。これを知るには、ビーカーに水を入れて熱し、温度計で沸騰するときの温度を測定します。このとき、本当に100℃で沸騰するか確かめるため、何度も同じ条件で実験を繰り返し行います。このように、自分たちで条件を制御（この例では水の量など）することができる場合、実験が適しています。同じ条件ならば、同じ結果が得られることを再現性といい、「A 物質・エネルギー」で扱う内容は再現性が高いので、実験が適しています（図10-1）。実験においては、条件と結果の関係を明確にすることが大切です。一方、「B 生命・地球」では、観察を行うことが多いですが、そもそも同じ条件を用意することが難しいものが多いです。小学校では必ず植物の栽培観察を行いますが（図10-2）、例えば、朝顔の栽培において、まったく同じ状態の種を複数揃えることはできません（図10-3）。しかし、朝顔の種は発芽すれば、色や大きさは違いますが必ず双葉ができます。このとき、葉

図10-1　コンデンサに電気を貯める実験
　　　　同じ条件で行えば毎回電気が貯まることを確認できる

図10-2　植物の栽培観察

図10-3 対象により実験と観察どちらがふさわしいか決まる
実験では毎回同じ質量の水を用意できる（左）、朝顔の種はまったく同じものはない（右）

の色や大きさも観察対象ですが、一番重要なのは、葉の枚数に注目することにより、朝顔は双子葉類だとわかることです。他にも、星の動きを知りたいときは、星の位置に注目して星の動きを観察し記録します。このように、実際の時間や空間の中で変化していくものを対象にしたい場合は、観察が適しています。観察においては、漠然と観察をするのではなく、何に注目するかという観察の視点（この例では星の位置）を決めることが重要です。このように、観察においては何を観察するかという、観察の視点を明確にすることが重要です。もちろん、実験と観察は完全に分けられるものではなく、授業においては、それぞれの特性を理解したうえで、適した観察・実験を、子どもがなぜその観察・実験を行うのかわかるように指導する必要があります。

国立教育政策研究所（2012）による「平成24年度　全国学力・学習状況調査」によれば、小学生の8割以上が理科の勉強を好きと答えており、これは、国語や算数より高い結果になっています（表10-2）。ところが、残念ながら、中学生になると約6割まで落ちてしまいます。一方、「観察や実験をすることが好き」に対しては、小学生の約9割、中学生の約8割が好きと答えており、観察実験に対する興味はそれほど落ちていないといえます。このように、観察・実験は、理科の勉強に必須であると同時に、児童生徒の理科への興味を高めるための重要な手段であるといえます。

「理科離れ」という言葉をよく聞きますが、この調査によると、少なくとも

表10-2　児童生徒の理科に対する意識

質問項目	小学校			中学校
	理科	国語	算数	理科
勉強が好き	82%	63%	65%	62%
観察や実験をすることが好き	90%	―	―	82%

小学生に限れば，子どもの多くが理科を好きである．特に観察・実験に関してはほとんどの子どもが好きだと答えており，むしろ「理科好き」です．一方，平成20年度の科学技術振興機構・国立教育政策研究所（2009）による，現職小学校教師を対象とした，理科に対する認識の研究調査によれば，小学校の教師全体と，若手の教師（採用5年未満）は，理科の指導に関する質問に「苦手（知識技術が低い）」「やや苦手（知識技術がやや低い）」と回答した割合は，次の通りです．

・理科の指導：全体の約50%，若手の約63%
・理科指導法の知識技術：全体の約70%，若手の約90%
・観察・実験の知識技術：全体の約66%，若手の約87%

　残念ながら，多くの現役の小学校の教師は理科の指導を苦手と感じてしまっています．これは，若い教師ほど顕著です．さらに，若手教師において，今回の調査で理科の指導力が高いと答えた割合は0%でした．これは自己評価であり，実際には理科の授業が上手な教師は多いと思います．しかしながら，苦手だなと思いながら授業をすると，理科の面白さは子どもには伝わりづらいです．一人でも多くの教師が理科を好きになり，それを子どもに伝えていけば，「理科離れ」という言葉が使われなくなる日が来るかもしれません．

3. 理科の授業方法

　理科の授業は，自然に対して不思議に思ったり，疑問に思ったりすることが出発点になります．そして，その疑問（問題）を解決する予想や仮説を立てます．このときの予想，仮説は観察・実験で検証できるものでなければいけません．

第Ⅲ部　学んで育つ子どもたち

表10-3　小学校理科5年生「物の溶け方」の学習目標

物を水に溶かし，水の温度や量による溶け方の違いを調べ，物の溶け方の規則性についての考えをもつことができるようにする。
ア　物が水に溶ける量には限度があること。
イ　物が水に溶ける量は水の温度や量，溶ける物によって違うこと。また，この性質を利用して，溶けている物を取り出すことができること。
ウ　物が水に溶けても，水と物とを合わせた重さは変わらないこと。

そして，実際に観察・実験をします。最後に，観察・実験から得られた結果を考察して，結論に達します。具体的に考えるために，小学校5年生の単元「物の溶け方」を例に使います。「物の溶け方」の学習内容は，表10-3の通りです。

ここでは，最初の「物が水に溶ける量には限度があること」を理解するために，どのように授業をしていくかを考えます。

(1) 疑問・問題

子どもの多くは，料理の手伝いなどで，塩や砂糖を水に溶かした経験があると思います。そこで，その経験を思い出させながら，教師が子どもの前で水に塩を溶かしていき，「塩を水にどんどん入れていくとどうなるかな」など，子どもが疑問に思う形で問題を設定します。科学の目的は，自然の「わからないこと」を科学的にわかるようにすることです。まずは子どもが疑問や不思議に思うことが大切になります。また，教師の働きかけにより子どもが疑問に思うだけでなく，子どもの普段からの疑問をもとにする方法も重要であり，教師は日頃から子どもたちの，疑問，不思議に思う心に敏感でありましょう。このように，子どもが自然の「もの（事物，現象）」に対して興味関心をもちながら，問題を見出すことが小学校理科教育の目標のひとつである「自然に親しむ」ことになります。

(2) 予想・仮説

子どもが自然に親しむことにより見出した問題に対し，それを科学的に解決するために，予想や仮説を立てます。しかし，子どもに，単に溶ける量に上限があるかと聞くだけでは，○×ゲームになってしまいます。何故，そう思うのか，理由とともに考えることが，ここでは重要です。例えば，家庭での料理で

の手伝いのとき，塩を入れすぎてしまい溶け残った経験などから，（塩が）溶ける量に上限があるという予想を立てることが考えられます。予想や仮説は，その理由が必要であり，このようにこれまでに習ったこと（学習経験）や，経験してきたこと（生活経験）など，子どもの身近な経験をもとにすることが有効です。そして，この予想や仮説を検証するための観察・実験の計画，方法を考えます。これが「見通しをもつ」ことです。

(3) 観察・実験

　観察・実験においては，何に注目して何のために観察・実験をするかを明確にしておくことが大切です。子どもは，基本的に観察・実験をすることが好きなため，観察・実験をすること自体が目的になってしまうこともあります。最初に実験の目的に明確し，手順を確認します。例えば，一定量の水に，塩を少しずつ溶かしていき，だんだん溶けにくくなっていき，そして最後は溶け残ることを確認します（図10-4）。さらに，その水溶液に水を足すと溶け残った塩が，再び溶けることなどを調べる実験が考えられます。このとき，塩を入れるときにこぼさない，溶かすときに水が飛び跳ねないようにするなど，様々な注意点があります。観察・実験授業においては，必ず教師が事前に実験をして（予備実験といいます），注意点や失敗しやすいことを確認しておくことが重要です。結果の記録に対する指導も欠かせません。実験が始まってから，指示を出しても聞かない子どもが多いからです。あらかじめ，結果を記録できる実験プリントの使用や結果を記録する表をノートに作っておくなど，適切な記録をするところまでが観察・実験です。さらに，実験においては火や薬品の使用，観察では屋外に行くなど，安全面の配慮も欠かせません。理科の授業中の事故件数の調査では，年間に2,000件以上あるとの報告もあり，授業中の事故は起きて当然だという認識のもと，正しい安全管理をすることが必須です。

図10-4　溶け残った塩

(4) まとめ

最後に、観察・実験の結観を考察して、結論を出します。考察においては、結果の一部だけを使用せず、すべての結果を使っているか、論理に矛盾や飛躍がないかということに気をつけます。小学校では、実験を班ごとに行うことが多いですが、結果に関しては班で共有、クラス全体で共有してから考察するなど、いくつかやり方があります。結果は表やグラフにまとめると、規則性や関係性が理解しやすくなります。この作業を通して、子どもは自分たちの予想や仮説が正しかったか、間違っていたかを判断することになります。予想・仮説と結論が一致した場合は、自分たちの予想・仮説を確認できたことになります。一方、一致しなかった場合では、自分たちの予想・仮説の何が間違っていたかを考え、再び検討することになります。場合によっては、再実験をします。これは、どちらも科学の正しい方法であり、理科の授業の目的は正しい予想をすることではなく、正しい科学的な考え方や方法を学ぶことを、今一度思い出しましょう。結論は科学的に表現しなくてはいけません。今回の実験では、「一定量の水に溶ける塩の量には、上限がある」など、他の子どもに伝わる形で自分たちの結論を科学的な表現で表すことになります。そして、最初の問題を解決できているかクラス全員で確認します。

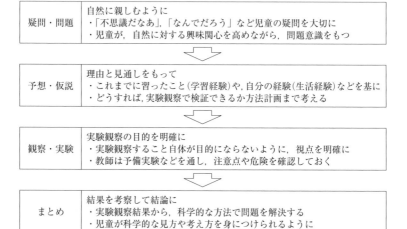

図10-5　理科の授業の流れ

これは，ひとつの授業の仕方の例ですが，理科の授業とは，子どもの経験などに基づく自然に対する素朴な見方や考え方を，科学的な方法による問題解決の過程を繰り返し行うことにより，子どもの中に「科学的な見方や考え方」を養っていくことだといえます。

4. 理科の評価

　授業において，効果があったかを確認するためには評価が欠かせません。ここでは，小学校理科では，どのような評価をすればよいかを考えていきます。小中学校においては長年，「関心・意欲・態度」「思考・判断」「技能・表現」「知識・理解」の4つの観点（4観点評価ということもあります，ただし，これは教科による特性も考慮され，国語のように5観点のものもあります）から評価をしています。これをもとに国立教育政策研究所が，具体的に評価資料を公開しており（国立教育政策研究所教育課程研究センター，2011），小学校理科においては，

- 自然事象への関心・意欲・態度
- 科学的な思考・表現
- 観察・実験の技能
- 自然事象についての知識・理解

が評価の観点として標準的に用いられています。

　評価としてすぐに思いつくペーパーテストは，このうち知識理解の定着の確認をするものであり，評価の一部でしかありません。ペーパーテストだけでなく，授業中を通して児童を評価することが必要です。例えば，「観察・実験の技能」の評価として，実験で調べた過程や結果を整理してノートに記録しているかなどがあげられます（評価の面からも，観察・実験がやりっぱなしにならないようにすることは大切です）。そして，他の科目同様，理科の評価においても，過程や結果を含む指導内容と評価が一体となっていることが重要になります。

　なお，2020年度からの学習指導要領においては，学力の要素を

第Ⅲ部　学んで育つ子どもたち

図10-6　実験は学習への意欲を高める

・基礎的・基本的な知識および技能
・課題を解決するために必要な思考力，判断力，表現力等
・主体的に学習に取り組む態度

の3つに整理し，これに対応し，評価の観点も3つに整理され，それぞれ，「技能及び知識・理解」「思考・判断・表現」「関心・意欲・態度」で評価することになります。ただし，実験の記録のように現段階で「技能・表現」で評価しているものは，引き続き「技能」で評価することになります。

5. これからの理科教育

　2020年度から，実施される学習指導要領では，大きな変更がいくつもありますが，特に「主体的・対話的で深い学び」が重視され，学ぶ内容に加えて，「何ができるようになるか」が明確に書かれています。小学校理科に関しては，2010年度からの学習指導要領で大幅に強化がされ，2～3割程度学習内容が増加しました。この理科教育の強化の流れは，今後も継続され，見通しをもった観察・実験活動のさらなる充実による学習の質の向上などが求められます。また，昨今の自然災害による被害の大きさから，災害に関する基礎的な内容を扱うなど，

第10章　子どもの科学への興味を高める理科教育

図10-7　タブレットを利用した授業

小学校理科の役割はますます大きくなっています。この他，プログラミング的思考の育成や ICT (Information and Communication Technology) 機器を利用した教育の推進などがあります。タブレットなどの ICT 機器は，教育分野でも急速広がり，その利用は必須となっています（図10-7）。

　21世紀に入り，情報工学や生物学などの分野で新しい科学が急速に発展しています。例えば，ディープラーニングによる人工知能の進展や iPS 細胞による再生医療など，様々なニュースを目にする機会があると思います。科学技術は現代社会の基盤であり，科学とまったくかかわらずに生きていくことは難しい状況です。将来，科学に携わる研究者，技術者にならなくても，すべての人は自分たちが生きる社会の基礎知識として，ある程度科学について勉強していく必要があります。その意味で，小学校における理科教育はこれからも重要な役割を担います。一方，これからの科学を担う人材を育成するという観点から考えたとき，単純に理数教育の充実だけでは，不十分になりつつあります。科学のひとつの分野のみから，社会の課題を解決したり，革新的なものを生み出したりすることは難しくなっており，分野を横断する研究が注目されています。教育においても，STEAM (Science, Technology, Engineering, Art and Mathematics) 教育という単語がキーワード化してきていて，理数科目に関する専門知識技術だけでなく，人文的素養も併せもつことが重要だという主張もあります。社会はますます複雑化しているので，今後の理科教育を考えたとき，理科だけで考えるのではなく，様々なつながりの中で考えていくことが必須となっていくでしょう。

Column10
理科と算数—垣根を越えて—

「速さ」と「時間」と「距離」の関係の公式は、最初に小校の算数で習います。これが、中学校の理科や高校の物理で「運動」として再び出てきて、より詳しく勉強します。速さの公式は、

　　速さ＝移動した距離÷かかった時間

で与えられます。そして、ごく短い時間で移動した距離を割ったものを、「瞬間の速さ」と習います。では、この短い時間をどんどん短くする、つまり0に近づけていくとどうなるでしょうか。文字通り、その時間（例えば10時0分の瞬間）での速さが求められるはずです。一方、算数や数学では、0で割ってはいけないと教わりますので、速さの公式で計算することはできなくなってしまいます。「瞬間の速さ」を求めることはできないのでしょうか。この問題を解決したのが、17世紀の科学者であるニュートンです。ニュートンは、これを計算するために新しい数学を生み出しました。DNAが二重螺旋構造をもつことを発見した一人であるクリックは、この研究によりノーベル賞を受賞しましたが、学生時代は物理学を学び、物理学者になりましたが、その後、研究分野を生物学に変え、偉大な功績を残しました。このように、教科、分野を超えることによって、新たな発見が得られることが科学の歴史の中では大変多いです。

　これは、遠い世界の話であり、小学校では関係ないと思うかもしれません。しかし、例えば算数で習う「グラフ」はすぐに、理科で気温の変化を表すときなどに使います。科学の研究は、さらに進んでいき、社会もより複雑になります。例えば再生医療を、実際の治療に使うには、医学の研究だけでなく、倫理面からの検討も必要になるなど、問題を解決するのに、様々な分野の知識、考え方が必要になっています。小学校の段階から、分野を超えて考えることや、知識を使う練習は、今後さらに重要になるでしょう。

第11章
「主体的・対話的で深い学び」を実現する社会科教育

　学習指導要領は，文部科学省から告示される初等・中等教育の教育課程の基準です。2020年度から施行される新しい学指導要領について，2014年11月の中央教育審議会では「初等中等教育おける教育課程の基準等の在り方について(諮問)」(文部科学省，2014)が提案されました。そこでアクティブ・ラーニングの文言が注目され，多くの解説が書店の棚に並びました。さらに，2015年8月の「教育課程企画特別部会における論点整理について（報告）」では，「次期改訂が目指す育成すべき資質・能力を育むためには，学びの量とともに，質や深まりが重要」(文部科学省，2016a)とされ，「何を学ぶか」だけでなく，「どのように学ぶか」(図11-1)(文部科学省，2016c)が問われています。この段階では，アクティブ・ラーニングは，新たな学習・指導方法の在り方として「主体的・対話的で深い学び（「アクティブ・ラーニング」）の視点からの学習過程の改善」という方向性をもって諮問されたわけです。

　アクティブ・ラーニングはもともと大学における講義一辺倒の授業からの改善のために，注目されたものです。この発表があった後，小学校では，「すでに小学校ではやっている。何を今さら…」と思った教師も多いはずです。2002年の教育課程の改訂時にも「生きる力」と関連づけて，「学び方を学ぶ」といわれたものです。しかし，中学校・高等学校と進んでいくうちに，学ぶ内容が増えて，生徒の主体的・対話的な話し合いや討論のある授業は成立しにくく，

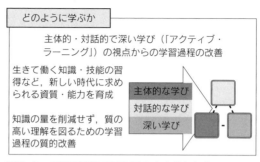

図11-1 「学習指導要領改訂の方向性」から（文部科学省，2016）

講義中心の授業が横行している現状があります。今回の改訂でも，図11-1 からもわかるように「知識の量を削減せずに…」と書かれてある点が懸念されるところです。

2017年2月14日には，新学習指導要領の改訂案が示され，パブリックコメントが公表されましたが，驚いたことにこの改訂案では，アクティブ・ラーニングの文言が忽然と消えてしまっていたのです（文部科学省，2017b, p.1）。アクティブ・ラーニングはどこに行ってしまったのでしょうか？

実は，アクティブ・ラーニングという言葉は消えてしまったものの，総則第3の1に「主体的・対話的で深い学び」（文部科学省，2017b, p.8）という文言が述べられ，アクティブ・ラーニングと同様の主旨が書かれているのです。

2016年8月の中央教育審議会教育課程部会教育課程企画特別部会の資料2-1「新学習指導要領等に向けたこれまでの審議のまとめ（案）」（文部科学省，2016b）では，すでに「主体的・対話的で深い学び」をいかに実現するかについて，求められる資質・能力の向上のために，学びの質が重要であることを示し，生涯にわたって自ら学んでいくことの必要性を説いていました。

1.「主体的・対話的で深い学び」が求められる社会的背景

現代は，インターネットの普及により，子どもたちの生活の中にまで世界の隅々からの情報が入り込んでくる時代です。それに伴って，目まぐるしく技術

革新がなされ，産業構造が変化していく中で，近代工業社会から知識・基盤社会へ移行したといえます。知識・情報・技術が不断に生まれては消えていくという変化の激しい社会にあって，社会で生き延びていくためには，知識を溜め込んでおくだけでなく，新たな知識・情報・技術を以前学んだ知識の上に再構成していく必要性が求められています。つまり，単に「知識」が豊富なだけでなく，それをいかに活用していくか，問題解決に生かせるかという資質・能力こそが問われているわけです。

　では，授業には何が求められているのでしょうか。教師が講義中，一方的な伝達型の授業をしていては，子どもたちは，知識を活用していく姿勢は育ちません。教師には，子どもたちが自ら学ぼうとする態度を支援する授業形態が求められています。つまり，子どもたちが学び合う学習集団を形成していくことが不可欠であり，子どもたちの聴く・話す力，データを駆使する力，ICTを活用する力などが基礎的な能力として求められているといえるでしょう（文部科学省，2016e）。

　そもそも社会科という教科は，講義中心の一方的な伝達型ではありません。にもかかわらず，子どもたちには，暗記中心のつまらない教科としてのイメージがついて回っています。ここで，戦後の社会科の変遷を振り返り，新たな時代の社会科学習の在り方を探ってみたいと考えます。

2．戦後社会科教育の変遷

　社会科の誕生時には，子どもたちを民主主義社会の担い手に育てる教科として，初等・中等教育の中核的位置づけがなされました。この背景には，1945年8月の敗戦とその後の連合国軍（GHQ）による占領政策の進展がありました。民間情報教育局（CIE）と文部省内の改革グループが協力して「民主的・自由主義的」な教育制度改革を推し進めるなかで，新教科「社会科」が設置されました。社会科は，戦前の歴史科・地理科・修身科・公民科とは断絶した「広領域総合的科目」に特色をもつものでした。つまり子どもの社会認識の形成と発達にかかわる教科として，「総合社会科」を基軸にして発足しました。

　1947年に，社会科が誕生しましたが，これはデューイの影響を色濃く受けた

作業単元を核とした経験主義の考え方に基づき，各教科と自由研究から構成されたものでした。当時は「ごっこ学習」が盛んに行われました。これに対して，「日本の現実や社会の歴史的課題を問題として取り上げていない」「子どもたちの興味・関心を中心にした，はいまわる経験主義に陥っており，科学的な社会認識や系統的な知識の育成が欠落している」（小原，1998）と批判が起きました。

1955年には，社会科のみ改訂が行われ，日本独自の社会科へ改編されました。また経験主義と系統主義の論争が展開される中，小中学校の社会科は，目標や内容の一貫性と系統性が重視されるようになりました。

1958年には，学習指導要領が公示され，以後法的拘束力をもつことになりました。系統的な学習の重視と基礎基本の徹底が叫ばれ，道徳の時間が特設され，社会科は，教科の特性にそった単元構成がなされることになりました。しかし，学習内容の過多が指摘され，詰め込み教育という批判が湧き起こりました。

1968年の改訂では，高度経済成長が反映される一方，スプートニクショックの影響から，系統性がさらに強化され，内容も高度化されました。反面，知識注入型の授業が問題になり，受身的な授業が多くなったことも指摘されました。

1977年の改訂では，知識の詰め込みに対する反省から，人間性豊かな子どもの育成，基礎基本を徹底し，思考力を高める経験重視の個性に応じた教育が再び注目されるようになりました。

1998年の改訂では，完全学校週5日制が実施される中，体験的な学習や問題解決的な学習がさらに徹底され，総合的な学習の時間が設定される一方で，内容が基礎的・基本的なものに厳選され，各学年週2時間削減されました。これに対して，PISA等の結果から学力低下の問題が叫ばれる事態となりました。

2008年の改訂では，「学力向上」が大きな課題となり，内容が大幅に増加し，「習得」「活用」「学習意欲」を学力の三要素として，学習習慣の確立が重視されました。そして，「確かな学力」「豊かな心」「健やかな体」の調和を重視する「生きる力」をよりいっそう育むことになりました。

そして，2017年3月に新たな学習指導要領が公示されました。今回のポイントは「新しい時代に必要となる資質・能力の育成」であり，「何を学ぶか」から「どのように学ぶか」「何ができるようになるか」という内容から方法の部

分まで踏み込んで記述している点です。

3. 社会科学習に求められる改革の視点

　小学校の社会科学習では，戦後まもない草創期から問題解決的学習が行われており，系統学習との確執を経た現在でも，学習内容は系統的なものでありながら，1単元の学習過程，1時間の学習展開は，問題解決的学習であり，子どもたちの主体的・体験的でアクティブな学習を大切にしてきました。

　例をあげると，日本文教出版の検定教科書の教師用指導書では，編集方針として，①つかむ⇒②調べる・考える⇒③いかす，という問題解決的学習の3段階の流れで構成されています。これは，新学習指導要領で提起されている，①課題把握⇒②課題追究⇒③課題解決の流れと同様のものです。

　このように小学校社会科では，戦前の地理や歴史などの社会科的な教科が教え込む教科であったことの反省に立って，教科誕生時から，子どもたちの主体的な活動を促す学習を目指していました。

　さて，新学習指導要領の特徴は，学習指導要領の内容を減らさず，「何を学ぶか」だけでなく，「どのように学ぶか」「何ができるようになるか」という視点が学習指導要領の中に明記されたことです。コンテンツ（学ぶ内容）から，コンピテンシー（学び方と能力）までもが記載されるという大きな改訂です。この背景には，グローバル化が進んでいく中で，知識の量だけでなく，その汎用能力が問われていることがあります。そこには，「主体的・対話的で深い学びを実現する」ことが盛り込まれており，授業の中で議論したり，調査活動をしたり，その結果を発表したりする活動を通して，子どもたちが主体的に学ぶ態度を養うことが求められています。

　今回の改訂では，「ゆとり」と「知識の詰め込み」の二項対立からの脱却という視点があります。戦後「経験主義」が取り入れられ，その批判として「系統主義」が復活し，経験主義と系統主義の狭間で揺れ動いてきました。今回の改訂では，グローバル化の中で，そのような二項対立は許されない状況があり，学習内容だけでなく，教師の「指導の在り方」に加えて，「主体的・対話的」という表現にみられるような，子どもたちの「学び方」までもが問われていま

す。

　2017年3月末に公表された「小学校学習指導要領」をより詳細に見ていくと，社会科「第1　目標」において「国際社会に生きる」が「グローバル化する国際社会に主体的に生きる」という表現に変わり，また，「第3　目標」では，社会科で育成する資質・能力をいかに育成するかについて書かれた文章の占める部分が大幅に増えています。とりわけ，「（2）意味を多角的に考えたり，…解決に向けて社会への関わり方を選択・判断したりする力，考えたことや選択・判断したことを適切に表現する力を養う」「（3）社会的事象について，主体的に学習の問題を解決しようとする態度や，よりよい社会を考え学習したことを社会生活に生かそうとする態度を養う…」（文部科学省，2017a）など，学習の仕方，身につける力までも法的拘束力のある学習指導要領に位置づけています。このように，教える内容だけでなく，その方法として「どのように学ぶか」という視点についても，より具体的に，言語による活動が主体的・対話的で深い学びの実現につながるものとして提案されているのです。その発端となった中教審答申でも，このことは述べられており，「社会科においては従前，小学校で問題解決的な学習の充実，…それらの趣旨を踏襲する」（文部科学省，2016d, p. 133）ことは当然として，「話し合いの指導が十分に行われずグループによる活動が優先し内容が深まらないといった課題が指摘されるところであり，深い学びとの関わりに留意し，その改善を図る」（文部科学省，2016d, p. 137）ことが明記され，話し合いの深まりが求められています。

　筆者は，社会科学習において，「主体的・対話的で深い学び」を実現するための，「説明したり，立場や根拠を明確にして議論したりするなどの言語による活動」（文部科学省，2016f）のベースとなる，子どもたちが能動的に聴く・話すというスキルを学習活動の中にいかに定着させていくかということについて，若干の懸念を抱いています。今までも，問題解決的学習で，調べ・追及する活動は行われても，話し合いは十分に深まりませんでした。また，相変わらず教え込む教師が多く，「社会科は暗記の多い教科」という印象が拭えていません。

4.「対話のある授業」で話し合い活動の活性化を図る

　そこで,「学び方を学ぶ社会科」という視点で, いかに主体的・対話的な授業構成を行っていくのかということについて考えてみましょう。新学習指導要領は, 教師が一方的に教える学習形態から, 主体的・対話的で深い学びを実現するための学びの姿を求めています。

　2016年の中央教育審議会教育課程部会では,「対話的な学び」について「他の協働や外界との相互作用を通じて, 自らの考えを広げ深める」（文部科学省, 2015）と捉え, それが実現できるかと問うています。例えば, グループで議論したり, 議論の結果を発表したりすることで, 思考力や判断力を育成できると考えられています。以上のような文言からも,「主体的・対話的で深い学び」は, 協同学習の考え方が基盤になっていると考えられます。

　協同学習は,「協力して学び合うことで, 学ぶ内容の理解・習得を目指すとともに, 協同の意義に気付き, 協同の技能を磨き, 協同の価値を学ぶ（内化する）ことが意図される教育活動」（関田・安永, 2015, p.13）と定義されています。「協同学習の効果として, 一つの授業科目で認知的側面と態度的側面が同時に獲得できることがあげられる」（河村, 2017, p.30）, つまり,「何を学ぶか（内容）」と「どのように学ぶか（態度）」ということであり, 今回の改訂のねらいに合致するものです。

　協同学習グループが成立するためには次の5つの要素が必要です。すなわち①互恵的な相互依存性②対面的な相互交渉③個人としての責任④社会的スキルや小グループ運営スキル⑤集団の改善手続き（河村, 2017, p.31）ですが, 新学習指導要領では, そこまでは深入りしていません。対話が深い学びになるためには, 教師と子どもたちの信頼関係やそれにまつわる社会的スキルが必要であり, それが整っていなければ「対話的な学び」は深まっていきません。

　筆者は, 協同学習よりさらに進めて「対話のある授業」が必要と考えています。岸は,「教師と学習者, あるいは学習者と学習者が授業の内容について, 本音で語り合うこと」（岸, 2004, pp.126-136）と定義していますが, 教師と子どもたち, 子どもたち同士が, 意見を尊重しながら理解を深めていくことが大切であると考えます。

第Ⅲ部　学んで育つ子どもたち

　NHK の西川龍一解説委員は,「時事公論」(「学習指導要領改新たな学びは実現するのか」2016年12月23日放送) で, アクティブ・ラーニングについて「グループで議論をしたり, 議論の結果を発表したり, さらにディベートや調査学習といったことも盛り込むことで, 児童や生徒が主体的に学ぶことに重点を置いた授業です。先生から一方的に教えられるのではなく, 思考力や判断力といった自ら考える力を育てるのに効果がある…」と解説しています。しかし, 筆者は「対話的な学び」にディベートは必要ないと考えています。「対話的な学び」には,「対話のある授業」こそが必要なのです。「対話のある授業」はディベートとは異なります。ディベートは討論の技術を高めて, 相手を言い負かすことを目的としていますが,「対話のある授業」は, 相手を言い負かすことに価値を置いていません。

　教師は, お互いの子どもたちの対話を成り立たせるために, 子どもたちに配慮します。教師が授業で説明した後,「意見のある人？」と問いかけて, 誰も手を上げずシラけた雰囲気になることもありますが, これは子どもたちの感情や思考の流れを教師が配慮していないからです。

　岸 (2004, pp.134-135) は,「対話の能力をつけるために, 9つのルールとマナーが必要である」と述べています。9つとは,「自己開示, 自己主張, 傾聴, 質問, 授業進行スキル, 課題, 深化, 援助, 共感」です。授業を問題解決的学習で行うにあたって, 子どもたちが問題を発見し, 自ら主体的にかかわり, 問題を追及していくためには, 教師と子どもたち, 子どもたち同士が心を開いて, 忌憚なく質問し, 話し合うことが大切です。そのためには, 相手を尊重し, 話に耳を傾け, 共感する態度が必要です。そのような子どもたちの態度が育ってこそ, 問題を解決しようとする過程は深まります。

　対話のある授業では, まず相互に尊重し共感する態度を身につける必要があります。子どもたちのより良い人間関係を育てることが, 学習や生活の基盤となります。そのことが学習場面における話し合い活動を豊かな対話へと導いてくれます。そのうえで, 授業のテーマが子どもたちの関心の高いものであることが必要です。そこで発言したいという意欲が喚起され, 主体的・対話的な学びの基盤ができ, 問題解決的学習が可能になります。

第11章 「主体的・対話的で深い学び」を実現する社会科教育

図11-2　対話的な学びの授業実践

5. さらなる問題解決的学習の充実に向けて

　授業のテーマが，子どもたちの関心の高いものであれば，発言したいという意欲が喚起されます。そのことを踏まえて，社会科学習における主体的・対話的な学びの基盤ができる問題解決的学習の具体を考えてみましょう。

　1時間の社会科の授業を「読んで，考えて，話し合い，調べて，書く」5つの活動で組み立てます。この中で，「話し合う」とは，個々の気づきや考えを出し合い，自分の考えをさらに深めていく対話のある授業のことです。これを，第6学年の「武士による政治のはじまり」の授業を例に考えてみます。

　本時の目標を「武士の館や武士のくらしの資料を調べ，武士は戦に備えるとともに土地とのつながりが強く普段は農業を営んでいることに気づく」と設定します。まず，学習活動として，教科書にある「武士のやしき」の絵図をもとに，当時の武士はどのような暮らしをしていたのかを調べ，発見や疑問，自分の考えを自由にプリントに書き込み，その個々の気づきや疑問を出し合い，やしきの様子や生活ぶりから予想されることやその意味づけなどを意見交換します。

　絵図からの発見をすぐに発表させるのではなく，気づいたことを書く時間をとります。それは，「②考えるために書く」ためです。一人ひとりの子どもに資料を活用する力を育てたいのであれば，まず，一人ひとりの子どもが資料とじっくり向き合い，自分の発見，意見をもてる時間を確保することが大切です。武士のくらしへの関心や疑問が生まれ，主体的に調べようという意欲が生まれてきます。その際，教師は机間指導しながら，読み取れない子どもに問いかけ

をして答えを導いたり，どのように考えたらよいのかを助言したりすることが必要です。さらに，どの子どもがどのような発見や意見をもっているのかを把握し，次の話し合いで，誰のどの意見をどのような順に取り上げていくかの見通しをもっておくと，話し合いを活性化することができます。時には，子どもがつまずいているところを取り上げ，みんなで考えを出し合う材料にすることが大切です。書くことによって考え，自分の意見をひとつでももって話し合いに臨むことで，自分の考えと比較しながら聞くことができ，共感や深まりを生むことにつながります。

「話し合う」場面では，ペアトークやグループトークを駆使しながら，子どもたち同士の意見交換を大切にします。全体での発表では，まず単語ではなく整った話型で説明できるようなスキルを身につけます。次に子ども自らが黒板のところに出て，黒板に貼った模造紙大カラーコピーの「武士のやしき」の絵図を指し示しながら説明するなどの動きを伴った活動も奨励します。そうすることによって聞き手である他の子どもたちの目を集中させることができます。教師は教室の側面にいて，発表者の表情や聞き手の表情を見ながら，子どもの説明でみんなが理解できているか，納得しているかを見極めながら，子どもたちに意見を求めたり，本人に問い返したりして，子どもたちがお互いに理解し，意見を出し合うよう促します。子どもの説明は，正解であっても，その本人がイメージを伴って理解できているのか，文字面だけの理解にとどまっていないかを確かめ，「○○って言ったけど，具体的に言うとどういうことかな？ みんなはどう思う？」というように，発表者だけでなく，他の子どもたちにも問い直していきます。そのとき，本人がさらに付け加えて答える場合もあれば，他の子どもが補足説明を求めたり，異論を唱えたりすることで，話し合いが深まります。教師は，ひとつの事実についても，子どもたちが同じようなイメージをもてるように確認し，話し合いを深めていきます。子どもたちの発表する言葉にこだわり，子どもたち同士が，質問し合ったり，わかりやすく他の言葉で補足し合ったりする対話のある授業の中で，教師が子どもたちの活動を援助しつつ，深い学びのある授業を実現していきたいと考えます。

6．おわりに

　社会科学習の変遷が示すように，1968年の改訂による学習内容の高度化による増加とともに，子どもたちの受け身的な態度が顕著になったといわれます。学習指導要領の内容を減らすことなく，子どもたちの主体的・対話的な学習行動が可能になるのか。子どもたちに議論をさせようとしてもできるものではありません。日常的な子どもたちの信頼のある人間関係をつくっていく中で，子どもたちは安心して対話を充実させることができるということを肝に銘じておく必要があります。また，学習内容を教師が提示するだけでなく，子どもたちの興味関心のあるテーマを子どもたちの？（はてな）の上に築いていかなければ，問題解決的な学習は成立しません。そのように，子どもたちが関心のもてる問題を引き出し，平素から忌憚なく話し合える人間関係の中での対話的な活動を実現してこそ，深い学びの基本的な学習態度が生まれます。

　埼玉県のある荒れた中学校では，「社会性を育むためのスキル教育」を全校挙げて実施したところ，学校の荒れが収まっただけでなく，特に学力向上のためのプログラムを実施するまでもなく，全国学力学習状況調査の結果も大幅にアップしたそうです。つまり，聴く・話す姿勢がよくなり，相手に配慮した頼み方や質問の仕方のスキルが向上し，授業が活性化していったからでしょう。

　学力向上には，その為の学習意欲が高まる必要であり，社会科のように問題解決的学習を学習形態として重視する教科にあっては，問題解決を追求し深めていく段階での忌憚のない対話が不可欠といえるでしょう。

Column11
児童中心の教育と対話のある授業

　教師中心で知識注入型の日本の教育に風穴をあけたのは，大正自由教育です。この教育は，子どもの関心を中心に据え，自主性を重視した教育の在り方を模索しました。教師の関心は，子どもの興味，子どもの関心のある教材などでした。しかし，自由主義に対する弾圧もあって，終焉することになりました。

　戦後，アメリカ占領下での教育改革を担った民間情報教育局（ICE）にはデューイ（Deway, J.）の影響下の者も少なくなく，経験主義的な問題解決学習が登場しました。「はい回る経験主義」の批判を受けて姿を消しましたが，社会生活との関連，子どもの興味関心中心の教育は，現在の教育に価値のあるものといえます（小西，2001）。

　また，日本にロジャーズの来談者中心療法が紹介されると，大正自由主義教育の思想と類似していることもあって，影響を受けた教師も少なくありません。筆者もその一人ですが，これを教育活動に生かそうとすると，子ども任せになってしまい，収拾がつかなくなることがありました。子ども中心といえども，授業を成立させるには，基本的なルールとスキルを身につけておくことが大切です。ルールは，年度当初に子どもたちとの合意形成の下で定着させます。活発な話し合いを成り立たせるためには，聴く・話すスキル，自己主張スキル，質問の仕方のスキルに加えて，自己開示と共感ができることが大切です。

　次に教師は何をするのか？　まずは①教材選択。学習指導要領に沿っていれば，必ずしも教科書通り教える必要はありません。②問題設定。子どもたちに動機づけがなければ，対話は深まりません。優れた問題とは，子どもの意見が割れるもの，普段見落としているものなどです。③発言を取り上げ，認める。間違っていてもかまいません。④待つ。すぐに答えを言わず，子ども同士が意見をつないでいくのを待ちます。⑤対話の深まりを促すための介入をします。最後に⑥子ども同士が，感じたこと，思ったこと，疑問に思ったことを書き，シェアリングします（岸，2004）。

　以上，教師は，授業の中での共感や援助を通して，自他を尊重する態度を培い「対話のある授業」を目指します。

第12章 これからの教育課程

学校で授業を受けていて,「なぜこんなことを勉強しなければいけないのだろうか」「これが将来,いったい何の役に立つのだろうか」と疑問に思った経験がある人も多いのではないでしょうか。この章では,何を,いつ,どうやって教える(学ぶ)のかという,「カリキュラム」(教育課程)の問題を考えます。

1. カリキュラムとは何か

日本では,カリキュラムは誰が決めるのでしょうか。現在文部科学省が,全国的な方針を『学習指導要領』という文書で示しています。新しい時代に対応する学校で学ぶすべての教科,教科外の学習について,専門家が集まって話し合って案をつくります。その案を一般に公開し,外部の専門家・団体からの意見を踏まえて,修正し,告示としてカリキュラムを示します。

しかしながら,『学習指導要領』よりも,教科書(教科用図書)に示されたものがカリキュラムであるというイメージをもっている人も多いでしょう。日本の教科書は,『学習指導要領』にそって教科書会社が制作します。各教科の専門家が議論しながらつくった教科書の案は,文部科学省の「教科書検定」を受けます。検定の結果などを受けて修正を繰り返しながら,新しい教科書を完成させ,新学期に皆さんの手元に届くように準備します。こうして皆さんはカ

リキュラムにそって,学習をすることになります。

2. カリキュラムを考える際のポイント

では,カリキュラムはどんな点に注意して,決められるのでしょうか。そもそもカリキュラムは,教育者が社会に存在する文化の中から,次世代に伝えたい内容を選びとることによって編成されます。そのため,どんな社会に向けて,どんな教育をするのか,という教育の目的を最初に考える必要があります。

そのため,時代によって教育内容は変わります。公的な学校教育が整備された19世紀後半の社会では,これまで人の手で製品を作っていた手工業から,機械が作ることで大量生産が可能な機械工業へと仕事が変わりました。その結果,児童労働への規制が高まるとともに,読み書き計算などの基礎学力を身につけた知的労働者や技術者が必要とされるようになりました。

しかし,現在のように,社会が複雑化すると,読み・書き・算だけでなく,多くのことを文化として学ぶ必要があります。例えば,グローバル社会に向けて外国語を学び,高度情報社会に対応するためにプログラミングの仕組みについて学ぶことが現代の子どもたちに期待されています。このように,時代によって,教育の目的は異なり,それに伴って引き継ぐべき文化も異なります。

さて,目的が定められ,文化内容,すなわち,教育内容が選択されると,今度はこれをどのように分類し,順序をつくるのかということを考える必要があります。ここで役に立つのが,スコープとシーケンスという考え方です。スコープとは,何をどのようなまとまりで教えるのか,ということを意味します。一方で,シーケンスは,どのような順序で教えるのか,ということを意味します。

このことを,中学校の数学科で学ぶ関数 $y=ax^2$ を例に考えましょう。これは,2017年改訂の学習指導要領では,中学校数学の4つの領域,すなわち,「数と式」「図形」「関数」「データの活用」の中でも,「関数」という領域に位置づけられています。この関数という領域では,$y=ax^2$ を学ぶ前提として,一次関数や,さらにその前提となる比例と反比例,および座標といった内容が含まれます。加えて,「関数」には小学校の「変化と関係」という領域が接続しています。

こうした分類のうちで，内容の順序を考えるとき，上記のような教科内容としての系統性とともに，子どもの発達段階を踏まえる必要があります。何かを学習する際，環境や発達などの準備が，学習者の側で整っていないと，うまくできないことがあります。これをレディネスといいます。例えば，具体的思考から抽象的思考への発達に関する用語として「9歳の壁」があります。これは，算数では，例えば，小学校3年生から指導される文章題を，すらすら解けるか，解けないかという反応の違いとして表れます。

このように，内容を分類し，その中で，順番を教科内の配列や発達段階にそって定めることによって，カリキュラムが決められていきます。さらに，カリキュラムを考える際には，時間配分や学級や集団のサイズ，教職員の配置，教具（例えばコンピューター）や施設，設備といった様々な教育条件を考える必要があります。これら教育条件が定められてはじめて，皆さんになじみの深い時間割として，そして一回一回の授業としてカリキュラムが実現されていきます。

3. カリキュラムはどう変わってきたのか

では，現代の学校教育に至るまで，どんな教育が行われてきたのでしょうか。現代のカリキュラムを理解する前提として，学習指導要領の改訂にそって，現在の学校教育の原型である第二次世界大戦後の学校教育を概観しましょう。

(1) 経験主義に基づくカリキュラム

第二次世界大戦後の学校教育は，戦前の教育の刷新から始まりました。敗戦後，日本の学校教育は，アメリカのGHQ (General Headquarters) およびその下部組織であるCIE (Civil Information & Educational Section) の指導を受け定められました。戦前の教育は，国家主義・軍国主義のイデオロギー色が強い教育内容を，子どもに一律に押し付けようとしたものであるとして，全面的に否定されました。

戦後の学校教育では，民主主義に基づく平和的文化国家の建設が目指されました。そのために，1947年には教育基本法が定められました。これによって，小学校の6年間，中等学校の3年間が義務教育とされ，これに高等学校の3年

間,大学の4年間が接続する教育制度が構築されました。いわゆる6・3・3・4制が確立され,この仕組みは現在まで続いています。

その後,「学習指導要領(試案)」が公刊されました。民主主義を担う人材を育てるべく,デューイ(Dewy J.)が唱えた経験主義に基づいた教育が推進されました。経験主義とは,子どもたちの日常的な生活から出発して,その生活の改善を目指すことを重視する立場を意味します。1947年の学習指導要領はどのような特徴があったのでしょうか。第一に「試案」とされた点に特徴があります。すなわち,学校教育現場で直接子どもを教えている教師が適切に教育課程を編成していく「手引き」と位置づけられたのです。教師は,この手引きにそって自主的にカリキュラムを設定することができるようになりました。

このように,教師が自主的にカリキュラムを編成した例として,「奈良プラン」があげられます。奈良女子高等師範学校附属小学校(現奈良女子大学附属小学校)では,カリキュラムが,子どもの生活調査に基づいて,「しごと」「けいこ」「なかよし」という生活時間から構成されています。こうした編成のもとで,学習は子どもの興味関心から出された問題の追及として展開されます。このような教育は,奈良女子大学附属小学校において現在にも引き継がれ,子どもが授業を自ら進め,追及を深めていく自律的学習として,展開されています。

第二に,社会科が新設された点です。初期の社会科では,子どもが現実の生活で出合う問題を適切に解決していくための問題処理能力の育成が学習指導の目標とされました。そのため,子どもたちに身近な教育内容が選択され,例えば「郵便ごっこ」を通じて子どもたちが郵便の仕組みを学ぶという,東京都の桜田小学校の授業が代表的な実践事例となりました。

こうした子どもの経験に基づくカリキュラムについて,より具体的に検討するために,1948年から使用されるようになった教科書を見てみましょう。図12-1はどの教科の教科書でしょうか。実は,この場面は,算数の教科書で使われていました。「いもほり」という経験を起点に,いもの重さを比べるためには,どうしたらいいのか,というところから,重さという概念について学びます。こうして,きっかけを与えたのちに,図12-2に示した,重さを測定する道具を説明し,身の周りの物を測定するという活動を行います。経験主義の時代の教育は以上のように展開されていました。

第12章　これからの教育課程

図12-1　1948年に使用されていた教科書の問題場面（文部省，1948，p.73）

図12-2　1948年に使用されていた教科書で紹介されていたはかり（文部省，1948，p.73）

　その後，1951年に改訂された学習指導要領でも経験主義が踏襲されました。1951年の学習指導要領改訂では，自由研究が廃止され，「教科以外の活動」がカリキュラムに位置づけられました。これには，現代の学校においても行われている児童会，学級委員の活動や，小学校のクラブ活動が含まれます。
　このように，経験主義のカリキュラムのもとで行われた授業は，教科学習のように基礎から応用に展開することが難しい点，また，生活を出発点とすると子どもたちが学ぶべき内容に出合うことが困難である点が指摘されました。その結果，子どもたちに基礎学力が定着しているのか，という点について不安や不満が多くの人々に生じていました。当時，最近の子どもたちは「手紙も書けない」「県庁所在地も知らない」といわれていました。こうした不安は，教育学者や教師などを巻き込んで基礎学力低下論争として発展しました。
　この学力低下論争は，久保舜一による学力調査によって確かめられました。しかしながら，戦後直後では教育環境が貧しかった点，経験主義の理念が実現された教育ばかりが行われていたわけではない点には留意が必要でしょう。戦後初期に展開された独創的なカリキュラムについては，のちに説明する「生活

科」や「総合的な学習の時間」のカリキュラムを検討する際に参照されるなど，意義のあるものだったと捉えることができます。

(2) 系統主義および学問中心主義に基づくカリキュラム

　経験主義に基づく教育への見直しが進む中で，国際情勢の変化がこれをさらに加速させました。1957年に，ソ連（ソビエト連邦）が，人工衛星スプートニクの打ち上げに成功しました。当時，東西冷戦構造の下で，ソ連と熾烈な宇宙開発競争を行っていたアメリカは，ソ連の軍事的優位への懸念から，科学研究の推進のために理数教育の充実を進めるようになりました。1958年に，教育心理学者ブルーナー（Bruner, J. S.）を議長とするウッズホール会議が開催され，発達にそいながらも最先端の研究成果を学校教育に導入するカリキュラム開発が進められました。例えば，算数・数学教育では，現代数学の基礎理論となった集合論に基づくカリキュラムが開発されました。こうした「教育内容の現代化」は，アメリカはもちろん，当時の西側諸国であったイギリスなどの国々を巻き込み，国際的に展開されました。

　日本でも，学習指導要領が転換されていきました。1958年の学習指導要領改訂では，これまで「試案」とされていた学習指導要領が「告示」，すなわち，従うべき指針となり，今日に至ります。また，各教科の体系性に基づいてカリキュラムを計画する系統主義へと転換されました。さらに，1968年には，教育内容の現代化の影響を受けた学習指導要領の改訂が行われました。アメリカの成果も学びながら，現代科学の成果を取り入れたカリキュラムが導入されました。

　このように，1968年の学習指導要領では，学問の進歩に伴って，教育内容が増えました。しかしながら，学校での授業時間は十分には増加しませんでした。その結果，短時間でより多くの内容を教えることになってしまいました。例えば，九九の指導にかけられていた期間が，半年からわずか1か月へと短縮されてしまいました。こうなると，学校教育現場の教師は，子ども一人ひとりの理解に応じた授業を行うゆとりがなくなってしまいました。1970年代には，小学生の3割，中学生の5割，高校生の7割が授業についていけていない，といわれていました。同じころに，高校への進学率も上昇するようになり，受験競争

が激化したため，学校は受験対策にも追われ，さらに余裕がなくなりました。

このように学校に余裕がなくなった結果，学校をドロップアウトする子どもが増加し，非行が社会問題となりました。これに対し，学校は校則の厳格化などによる管理主義に基づく教育が行いました。服装や頭髪に関する細かく，厳しい校則はこのころに生まれました。こうした指導に子どもは反発し，それを教師が時には体罰によって押さえつけるという指導が全国で起こりました。

以上，カリキュラムの問題が，学校の「荒れ」のきっかけとなったと考えることもできるしょう。また，「教育内容の現代化」が必ずしも十分な成果を上げていないことが米国で示されました。学問の基礎が，教育の基礎とは必ずしもならなかったのです。その結果，世界的にも現代化の見直しが行われました。

(3)「ゆとり」のあるカリキュラム

高度化したカリキュラムと学校の「荒れ」への反省から，1978年の学習指導要領改訂では，「ゆとり」がキーワードとなりました。各教科の指導内容が大幅に精選されるとともに，授業時数も削減されました。同時に，学校や教師が体験的な活動や教育相談に関する活動などを設定できる「ゆとりの時間」が設けられました。しかしながら，いったん激化した受験競争等が収まることはなく，学校で「ゆとり」が十分に増えたわけではありませんでした。

「ゆとりの時間」は廃止されたものの「ゆとり」を重視する路線は，1980年代にも引き継がれました。1989年に改訂された学習指導要領では，個性の重視，生涯学習社会への移行，国際化・情報科への対応という方針のもとで，知識や技能の習得よりも，意欲や態度，また思考力や判断力などの高次の思考が重視されるようになりました。このように，学力に，意欲や態度が含まれるようになり，「新しい学力観」と呼称されるようになりました。意欲や態度を学力とする考え方は，現在にも引き継がれています。

さて，1989年の学習指導要領の改訂の特徴は，小学校における生活科の新設と個に応じた指導の推進にあります。生活科は，小学校低学年の理科と社会科の廃止に伴って，具体的な活動や体験を通して，自分と身近な人々，社会，自然とのかかわりについて合科的に学ぶ教科として創設されました。また，学習の個性化・個別化では，基礎学力よりも個性を重視する教育観や，習熟度別学

級や推進された点にカリキュラムの特徴があります。

　こうした「ゆとり」がピークを迎えたのは，1998年の学習指導要領改訂でした。この改訂では，「個性を生かす教育」を推進するため，多様化と選択制が拡大されるとともに，学校週5日制とともに授業時数が削減され，教育内容が3割削減されました。加えて，社会の変化に主体的に対応できる資質や能力である，「生きる力」を育成するために，「総合的な学習の時間」を新設された点に特徴があります。総合的な学習の時間では，探究的な学びを通じて学習の方法を学びとることが目指されました。現在の兵庫県であれば，トライやる・ウィークとして行われているようなキャリア教育や，国際理解教育，環境教育などが，総合的な学習の時間で学ばれる典型的な内容としてあげられます。

　しかしながら，1998年学習指導要領は，実施を迎える2001年の以前から，学力低下への懸念から批判にさらされました。そのきっかけのひとつが，『分数ができない大学生』という本でした。この本では，日本の有名私立大学の大学生も，基礎的な分数の計算ができない，という主張が行われました。こうして，基礎学力ブームが巻き起こり，現在は学校教育現場で一般的な100マス計算もこの時代に普及しました。しかしながら，子どもたちの基礎学力が低下したわけではないことが，国際的な学力調査によって示されました。

　そのひとつは，国際教育到達度評価学会によるTIMSS（Trends in International Mathematics and Science Study）です。この調査は学校のカリキュラムにそって基礎的な計算技能や科学的な知識が調査されます。日本は，この調査において常に上位グループにいます。もうひとつは，経済協力開発機構によるPISA調査（Programme for International Student Assessment）です。この調査では義務教育段階の修了段階にある15歳が，市民として必要な能力，すなわち「リテラシー」を身につけているかを調査することが目的として行われました。そのため，現実生活の場面でどのように知識を使いこなすのか，という能力を評価する問題が用いられました。

　2003年の調査結果では2000年調査に比べ，読解力が8位から14位に低下したという結果が出たため，教育界に「PISAショック」ともいうべき衝撃が起こりました。図12-3はPISAで公開されている，読解リテラシーを調査する問題例です。これは，「贈り物」という文学作品を読んだうえで，図の通り相反

第12章 これからの教育課程

図12-3　PISAの問題例（経済協力開発機構，2010）

する印象をもった二人の意見を証明する証拠を文中から探して，説明する問題となっています。この他にもグラフや表から情報を読解し，解答をする問題が出された点にも特徴がありました。PISAの調査結果が示した通り，日本の子どもの学力の問題は，基礎学力ではなく，知識を使いこなすという高次の思考に課題があることが示されました。こうした学力調査結果に対し，文部科学省も，ゆとり教育から，学力向上へと教育方針の舵を切りました。その結果，2003年には，学習指導要領が一部改訂され「確かな学力」の育成と「習熟度別指導」と「発展的な学習」が強調されました。こうして「ゆとり」が見直された現代のカリキュラムへと至りました。

4. 現代のカリキュラム：「ゆとり」の見直し

　「ゆとり」が見直された最初の学習指導要領改訂は2008年に行われました。この改訂では，新しい知識・情報・技術が政治・経済・文化をはじめ社会のあらゆる領域での活動の基盤として飛躍的に重要性を増す社会である「知識基盤社会」がイメージされ，どのような文化を子どもたちに引き継ぐのかが考えられました。特に「思考力，判断力，表現力」を育成するために，教科学習において基礎基本を学ぶ「習得」，教科学習でこうした基礎基本を使いこなす「活

用」，総合的な学習の時間において「探究」が位置づけられた点に特徴があります。こうした学びを実現するために，教科内容と授業時数が増加しました。また，「外国語活動の時間」が設定されるようになった点にも特徴があります。

　2017年の学習指導要領改訂では，「第4次産業革命ともいわれる，進化した人工知能が様々な判断を行ったり，身近な物の働きがインターネット経由で最適化されたりする時代」が到来するとされ，人工知能やIoT（Internet of Things）といったテクノロジーの進歩に焦点が合わせられました。現代の変化の激しい社会を生き抜くために，「その内容を学ぶことを通じて『何ができるようになるか』」を重視するカリキュラムへと舵が切られています。

　そのために「学修者の能動的な学修への参加を取り入れた教授・学習法」である主体的な学び（アクティブ・ラーニング）が授業に取り入れられます。具体的には，発見学習，問題解決学習，体験学習，調査学習等，教室内でのグループ・ディスカッション，ディベート，グループ・ワーク等を通じて，アクティブ・ラーニングの視点を取り入れた，「主体的・対話的で深い学び」が行われるようになります。ただ，すべての授業で上記のような主体的な学びを取り入れることは難しいでしょう。そこで「学校教育に関わる様々な取組を，教育課程を中心に据えながら組織的かつ計画的に実施し教育活動の質の向上につなげていくこと」（文部科学省，2017）を意味するカリキュラム・マネジメントによって，学校や教師がカリキュラムを意図的に設計して，どの時間で主体的な学びを取り入れるのかを構想することになります。

　さらに，こうしたカリキュラムが，学校間でも「接続」することが目指されています。例えば，幼稚園では「幼児期の終わりまでに育ってほしい姿」を位置づけるという方針で，小学校では，幼児期に総合的に育まれた資質・能力や，子どもたちの成長を，各教科等の特質に応じた学びにつなげていくという方針が示されています。また，2017年の学習指導要領改訂では「義務教育9年間を通じて，子供たちに必要な資質・能力を確実に育むことを目指し，同一中学校区内の小・中学校間の連携の取組の充実が求められる」と，小中一貫教育が推進されています。具体的には，義務教育学校の設置や，教師の交流・研修，PTAの連携などが提案されています。

5. まとめ

　以上，カリキュラムについて，その仕組み，ポイント，移り変わりという点から説明しました。カリキュラムは時代とともに変わり，現代も変わりつつあるということに気づいたのではないでしょうか。このように，学校のカリキュラムは，子どもたちにどんなことを学んでほしいのか，ということ考えて，少しずつ変化しています。

Column12
不登校とカリキュラム

　日本国憲法第二十六条には，教育を受ける権利を有すると同時に，保護者は子どもに対しては，教育を受けさせる義務があると，明記されています。そのため，子どもたちは6歳から7歳になると，小学校に入学し，15歳に中学校を卒業します。そして，小学校と中学校での教育は義務教育といわれています。

　「平成27年度学校基本調査」よると，「不登校」の子どもは，小学校では約27,583人，中学校では98,408人います。カリキュラムという点から，不登校の子どもたちの教育をどのように捉えればよいのでしょうか。

　憲法における教育を受けさせる義務とは，保護者が学校に通学できる条件を整える義務を意味します。この場合，平日のアイドル活動なども含む児童労働は，就学の妨げになるため明確に憲法違反となります。このように，不登校であったとしても，子どもは校区の学校に学籍をもち，就学が妨げられていない場合，保護者は義務を果たしていることになります。

　他方で，子どもは教育を受ける権利をもっています。この場合，教育を受ける場は，学校に限定される必要はありません。現在では，フリースクールをはじめとする民間の教育施設や，教育支援センターに通う子どもも，学校に出席した扱いとなります。さらに，一定の条件を満たした場合，家庭での学習(ホームスクーリング)も出席扱いとする措置が取られるようになっています。現在では，どのような場でもカリキュラムに沿って学習することが重要視されています。

　このように，義務教育だからといって，子どもは必ず学校に通わなければならない，というわけではないことがわかります。一番重要な点は，子どもが必要な文化がまとめられているカリキュラムにそって学習をするという点です。もちろん，学校も魅力的です。様々な教科外の学習や友だちとの関係は家庭だけでは得難いでしょう。しかし，学校だけが学習の場となると，家庭教育の役割を軽視することにつながります。

　不登校とカリキュラムの問題は，学校にいることだけが重要なのではなく，学校はもちろん，どのような場であれ，子どもが学習をすることが，最も大切であるということを示しています。

第IV部
主体を生きる子どもたち
―子どもの特性に応じた教育―

　子どもは主体的な存在ですが，一人の人間として主体的に生きるようになるには，子どもが大人になっていく過程での経験と学習が必要です。

　乳幼児期では，保育所や幼稚園での生活や遊び，集団経験を通して，自立性と積極性，協力・協調・自主・自立の精神と社会的態度が身についていきます。

　児童期に入ると，学校生活を通して，適切に自己表現と統制をしながら，社会の一員としての役割と責任，社会規範の理解と道徳性等，主体的に生きる意味を理解するようになります。

　しかしながら，その過程には，集団の圧力や社会的交渉の軋轢など，子どもたちに精神的な葛藤やストレスをもたらします。そうしたストレスや葛藤を克服して生きる力を要します。子どもたちは，それぞれ多様な特性や個性をもっています。また，集団の中で生きる姿も様々です。子どもの多様な特性や個性に応じた，個別な配慮やかかわり，指導が求められます。

　ここでは，学校生活における，子どもの個性や特性に応じた指導の在り方を考えます。ここでいう子どもの特性や個性とは，いわゆる人格特性だけでなく，子どもの発達や社会・文化的背景の多様性であり，その教育の在り方について考えます。

第Ⅳ部　主体を生きる子どもたち

第13章
「生きる力」を育む教育活動
―特別活動―

1. 特別活動とは

　「特別活動」という言葉を聞いて，経験からどのようなことが思い浮かんでくるでしょうか。「学級会」「クラブ」「ホームルーム」などでしょうか。小学校で教育活動を進めるにあたっては，子どもに「生きる力」を育むことを目指し，創意工夫を生かした様々な教育活動を行っています。小学校の教育課程については，「学校教育法施行規則」で次のように定められています（文部科学省，2008）。

　　小学校の教育課程は，国語，社会，算数，理科，生活，音楽，図画工作，家庭及び体育の各教科，道徳，外国語活動，総合的な学習の時間並びに**特別活動**によって編成するものとする。

　小学校の教育課程では，国語や社会，算数などの教科の時間だけではなく，道徳，外国語活，総合的な学習の時間，特別活動の時間など教科以外の学習が設けられています。
　では，「特別活動」とは，どのような学習なのでしょうか。小学校の特別活動の内容は，「学級活動」「児童会活動」「クラブ活動」の各活動と「学校行事」

図13-1　特別活動の内容

により構成されています（図13-1）。

　特別活動のうち学級活動（学校給食に係るものは除く）の授業にあてる時間は，各学年，それぞれ，年間35時間と決められています（文部科学省，2010）。児童会活動やクラブ活動及び学校行事については，内容に応じて，年間，学期ごと，月ごとなどに適切な授業時間をあてること。また，給食，休憩などの時間についても学校ごとに適切に定めることになっています。

　次に４つの活動それぞれの目標と活動内容を見てみましょう。

(1) 学級会活動とは

　学級会活動を通して，望ましい人間関係を形成し，集団の一員として学級や学校におけるよりよい生活づくりに参画し，諸課題を解決しようとする自主的，実践的な態度や健全な生活態度を育てることを目標に，次の２つの柱について学びます。

　　①学級や学校における生活づくり
　　　ア　学級や学校における生活上の諸問題の解決
　　　イ　学級内の組織づくりや仕事の分担処理
　　　ウ　学校における多様な集団の生活の向上
　　②日常の生活や学習への適応及び健康安全
　　　ア　希望や目標をもって生きる態度の形成
　　　イ　基本的な生活習慣の形成
　　　ウ　望ましい人間関係の形成
　　　エ　清掃などの当番活動等の役割と働くことの意義の理解
　　　オ　学校図書館の利用
　　　カ　心身ともに健康で安全な生活態度の形成

キ　食育の観点を踏まえた学校給食と望ましい食習慣の形成

小学校学習指導要領（文部科学省，2017b）では，「一人一人のキャリア形成と自己実現」が3つ目の柱として加えられています。主として将来に向けた自己実現にかかわる内容で，話し合い等により考えを深めることと，一人一人の主体的な意思決定の過程が今後さらに大事にされています。

(2) 児童会活動とは

学校の全児童をもって組織する児童会活動を通して，望ましい人間関係を形成し，集団の一員としてよりよい学校生活づくりに参画し，協力して諸問題を解決しようとする自主的，実践的な態度を育てることを目標として，学校生活の充実と向上を図る活動です。主に次の3つの活動をします。

①児童会の計画や運営
②年齢集団による交流
③学校行事への協力

(3) クラブ活動とは

クラブ活動を通して，望ましい人間関係を形成し，個性の伸長を図り，集団の一員として協力してより良いクラブづくりに参画しようとする自主的，実践的な態度を育てることを目標とします。学年や学級の所属を離れ，主として第4学年以上の同好の子どもをもって組織するクラブにおいて，異年齢集団の交流を深め，共通の興味・関心を追求する活動を行います。次の3つの活動をします。

①クラブの計画や運営
②クラブを楽しむ活動
③クラブの成果の発表

(4) 学校行事とは

　学校行事を通して，望ましい人間関係を形成し，集団への所属感や連帯感を深め，公共の精神を養い，協力してより良い学校生活を築こうとする自主的，実践的な態度を育てることを目標とします。全校または学年を単位として，学校生活に秩序と変化を与え，学校生活の充実と発展に資する体験的な活動として，次のような行事を計画・実施します。

　①儀式的行事（例：入学式，卒業式，始業式，終了式）
　②文化的行事（例：学芸会，学修発表会，作品展示会，音楽会）
　③健康安全・体育的行事（例：健康診断，避難訓練，安全教室，運動会）
　④遠足・集団宿泊的行事（例：遠足，修学旅行，集団宿泊活動）
　⑤勤労生産・奉仕的行事（例：飼育栽培活動，福祉施設との交流活動）

2. 特別活動が教育課程に設けられている意義

　小学校の特別活動で身につけるべき能力は，「小学校学習指導要領」では，次のように，特別活動の目標として示されています（文部科学省，2008）。

> 望ましい集団活動を通して，心身の調和のとれた発達と個性の伸長を図り，集団の一員としてよりよい生活や人間関係を築こうとする自主的，実践的な態度を育てるとともに，自己の生き方についての考えを深め，自己を生かす能力を養う。

　教科の授業においても，学級を中心とした集団で学ぶ活動は大切にされていますが，各教科の教科内容を中心とした学びとなります。それに対して，特別活動は，学校の教育活動全般において，意図的な望ましい集団活動を通して，次のようなことをねらいとしています。

　・心身の調和のとれた発達と個性の伸長
　・集団の一員として，よりよい生活や人間関係を築こうとする自主的，実践

的な態度
・自己の生き方についての考えを深め，自己を生かす能力

　このように，特別活動は「生きる力」を育むために欠かせない教育内容をもつものとして，教育課程に位置づけられています。そのため，時間割に位置づけられた35時間の学級活動の時間を核にしながら，児童会，クラブ，学校行事，教科学習，道徳教育，総合的な学習の時間などと関連を図り，特別活動の全体計画や各活動および学校行事の年間指導計画を作成する必要があります。

3. 特別活動の意義と必要性

　では，小学校の教育課程において，このようなねらいをもった特別活は，必要なのでしょうか。その意義，必要性について考えてみましょう。子どもたちが，これから生きていく社会は，変化が激しく，複雑な人間関係の中で，新しい未知の課題に試行錯誤しながら対応することがさらに求められる社会です。このような社会の中で，たくましく生き抜くためには，生き方について，体験的に学ぶ場が必要となります。

　特別活動は，その重要な場や機会として，学校教育において，望ましい集団活動や体験的な活動を通して，実際の社会で生きて働く社会性を身につけるなど，子どもの人間形成を図る教育活動としての役割が期待されています。これからの教育においては，このような複雑で変化の激しい社会において，将来の職業や生活を見通して自立的に生きるための「生きる力」を育成することが求められています。特に，自分のよさや個性を生かして，多様な他者とともに，社会，自然・環境とのかかわりの中で，これらとともに生きる自分への自信をもたせることや基本的な生活習慣を確立するとともに，公共の精神など社会生活を送るうえで必要な資質や能力などを，発達の段階に応じた活動や体験を通して，体得させていくことが重要な課題になっています。このような資質や能力は，学校の教育活動全体を通じて育成されるものですが，特に学校における望ましい集団活動や体験的な活動を通して，子どもの人間形成を図ることを特質とする特別活動は，大きな役割を担う必要なものです。

このように，特別活動は，様々な集団活動を通じて，人間形成を図る役割を担うものであり，次のような意味のある活動であることを理解して，計画を立て，望ましい集団活動が展開されるようにすることが必要です（文部科学省，2010）。

ア　集団の一員として，なすことによって学ぶ活動を通して，自主的・実践的な態度を身につける活動である。
イ　教師と児童及び児童相互の人間的な触れあいを基盤とする活動である。
ウ　児童の個性や能力の伸長，協力の精神などの育成を図る活動である。
エ　各教科，道徳，外国語活動及び総合的な学習の時間などの学習に対して，興味や関心を高める活動である。また，逆に，各教科等で培われた能力などが総合・発展される活動である。
オ　道徳的実践を効果的に展開できる重要な場や機会であることを積極的に生かして，知・徳・体の調和の取れた豊かな人間性や社会性の育成を図る活動である。

さらに，学習指導要領（文部科学省，2017b）では，活動することにとどまらないように，特別活動で育成を目指す資質・能力が次のように明示されています。

（1）多様な他者と協働する様々な集団活動の意義や活動を行う上で必要となることについて理解し，行動の仕方を身に付けるようにする。
（2）集団や自己の生活，人間関係の課題を見いだし，解決するために話し合い，合意形成を図ったり，意思決定したりすることができるようにする。
（3）自主的，実践的な集団活動を通して身に付けたことを生かして，集団や社会における生活及び人間関係をよりよく形成するとともに，自己の生き方についての考えを深め，自己実現を図ろうとする態度を養う。

ねらいをはっきりとした活動を体験するだけでなく，その結果どのような能力や資質を身につけることができたかまで評価できる学習過程が重要となっていきます。

4. 特別活動の基本的な学習過程

(1) 特別活動の基本的学習過程

　特別活動は，集団や社会の形成者としての見方・考え方を働かせ様々な集団活動に自主的実践的に取り組み，互いのよさや可能性を発揮しながら集団や自己の生活上の課題を解決することを通して，ここまでみてきたような資質・能力を育成することを目指す学習です。そのため，実践活動に取り組むことは欠かせません。しかし，活動中心の学習に流れてしまうと「活動あって学びなし」という結果に終わってしまいます。そのため，図13-2のような基本的な学習過程を意図的に計画することは欠かせません。

　大きくは，事前（①②③），実践（④），事後（⑤）という基本の流れになります。まず，実践（実際の活動）の前には，取り組む課題の共通理解，解決方法の話し合いと合意形成による決定，具体的な取り組みの理解が行われているかがポイントとなります。次に，決めたことを実際に実践します。そして，実践後に活動を振り返り，よかった点や改善点を確かめる時間をとることにより，継続的により良い活動としていこうとする意欲・態度を高めることもポイントです。より良い実践活動へと高まることで，さらにより良い実践にしていこうとする意欲が高まるという，好循環を生み出していくことができます。

(2) 活動内容と学習内容

　次に，学級会活動を例に取り上げ，基本的な学習過程における活動内容，身につける資質・能力を具体的にみてみましょう。次の図13-3に示したように，活動内容の流れだけでなく，各段階でどのような力を身につけさせるのかということを，しっかりともって指導することが大切です。

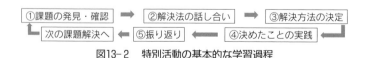

図13-2　特別活動の基本的な学習過程

①課題の発見	
活動内容	学級や学校における生活の諸問題に気付き，その中から議題を学級全員で決定する。話し合いの計画を立て，解決に向けて自分の考えを持つ。
資質能力	○情報の収集・整理などを通し，学級や学校生活，地域社会の課題を発見することができる。 ○目標を設定できる。自分の適性を把握することができる。

↓

②解決方法の話合い	
活動内容	よりよい生活をつくるための問題の原因や具体的な解決方法，役割分担などについて話し合う。
資質能力	○集団活動における自己の役割やその意義についての理解することができる。 ○協働して問題を解決しようとすることができる。

↓

③解決方法の決定	
活動内容	話し合い活動で具体化された解決方法等の中から合意形成を図ったり，意思決定したりする。
資質能力	○合意形成を図ることができる。意思決定することができる。 ○課題解決に向かおうとする意欲を持ち話し合いに参加することができる。

↓

④決めたことの実践	
活動内容	決定した解決方法や活動内容をもとに，責任を持って進んで実践する。
資質能力	○責任ある行動をとり，自己の在り方を改善できる。 ○よりよい生活をつくろうとし，日常の生活を改善できる。

↓

⑤実践の振り返り	
活動内容	実践を定期的に振り返り，意識化を図るとともに，結果を分析し次の課題に生かす。実践の継続や新たな発見につなげる。
資質能力	○希望や目標をもって，現在の生活を改善することができる。 ○学級や学校の中で自分のよさや可能性を生かそうとする。

図13-3　特別活動の基本的な学習過程（学級会活動の場合）

(3) 基本的な学習計画

　図13-3の基本的な学習過程は，学級会の時間だけでは実践することができません。例えば，学級会活動で，「そうじ担当場所が，もっときれいになるようにする」という課題を取り上げた場合，次のような学習の流れが考えられます。

　学習の流れにそった実践を行うためには，どのような学習計画が必要でしょうか。実際には，①掃除の時間（課題の意識化），②1週間のうちに，清掃活

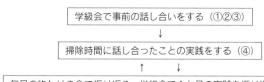

図13-4　実際の活動の流れ

動での課題を集める時間，③学級会での話し合いの時間，④1か月の掃除時間での実践，⑤毎日の終わりの会での振り返りの時間，⑥1か月後の学級会での振り返りの時間が考えられます（図13-4）。そのため，1か月のスパンでの意図的な学習計画を立てる必要があります。

このように，特別活動は，教育活動全体の中で行っていくことにより，ねらいの実現に向かうことができます。

5. これからの特別活動

(1) 評価の在り方

特別活動の評価では，実践の結果ではなく，学びの過程を評価することは，大切にされてきましたが，個性の伸長を目指し，実践的な活動を特質とする特別活動においては，指導計画の作成・計画に基づく活動，活動後の反省という一連の過程のそれぞれの段階で評価することが，今後さらに求められます。子どもが自己の活動を振り返り，新たな目標や課題をもてるような評価を進めるため，活動の結果だけでなく活動の過程における子どもの努力や意欲などを積極的に認めたり，子どものよさを多面的・総合的に評価したりすることがより求められます。その際，集団活動や自らの実践のよさを知り，自信を深め，課題を見出し，それらを自らの実践の向上に生かすなど，子どもの活動意欲を喚起する評価となるよう，子ども自身の自己評価や集団の成員相互による評価などの方法をいっそう工夫することが求められます。また，一人ひとりのキャリア形成と自己実現にかかわり，ポートフォリオ評価の活用など，個々の学びをキャリア形成の履歴としてどう残していくかということが今後の課題となります。

(2) 主体的・対話的で深い学びの実現

　特別活動は，児童生徒同士の話し合い活動や，児童生徒の自主的・実践的な活動をその特質としています。「深い学び」とは，子どもたちが習得・活用・探究を見通した学習過程の中で「見方・考え方」を働かせて思考・判断・表現し，「見方・考え方」をさらに豊かなものとしながら，資質・能力を獲得していけるような学びです。特別活動は「実践」を重視しており，課題の解決方法も自身が行動に移せるものでなければ意味がありません。しかし，ここで「実践」といったときに，実際の行動場面という捉えだけでは十分ではありません。課題の発見・設定から振り返りまでの一連の過程を「実践」と捉えることが重要であり，「深い学び」を考えるうえではこの「実践」の過程との関係で資質・能力を捉えていくことが大切です。したがって，一連の過程の中で，見方・考え方を働かせ育成を目指す資質・能力は何なのかということを明確にしたうえで，各活動や学校行事を意図的，計画的に年間指導計画に適切に位置づけ，指導にあたることが「深い学び」のために，今後重要となります。

Column13
教師の心得

教えることと育てること
　教育することが教員の務めですが,「教育」の意味を心得ておきたいものです。「教育」とは文字通り「教え」「育てる」営みです。「どちらも欠かせず大切なことだが,君は,どちらを大切にしていますか」と先輩の先生に尋ねられたことを今でも覚えています。そのときは,小学生の子どもたちなので,じっくりと子どもを育てることを大切にしたいです」と答えました。その答えに行き着くまでには,少し時間がかかりました。当然のことですが,子どもたちが自律して,自分でいろいろなことができるようになった姿に,確かな子どもの育ちを感じることは,教師としての喜びとやりがいです。とはいえ,学んでわかっても,それができるようになるには,個人差もあり時間がかかります。「昨日教えたでしょ」「わかっているよね」ではなく,「今日は,途中までできたね」「最後まで諦めなかったね」と育てる声掛けをしたいものです。じっくりと子どもの育ちに寄り添い,少し長いスパンで見守ることで,子どもの自らの成長を支援できる教師となりたいですね。

みんなちがってみんないい
　「みんなちがってみんないい」は,子ども一人ひとりの良さを認め,子どもの個性を伸ばすためには,大切な心得です。このことは,教師にも当てはまるのではないでしょうか。教師も得意なことや苦手なことがあったりするのは当然のことです。それもすべて教師の良さと考えたいものです。得意なことは,その楽しさやコツを伝えることができます。苦手なことは,苦手な子の気持ちに寄り添いやすく,どのような支援を苦手な子が求めているのかもわかります。苦手なことも強みとして生かせれば,教師としての良さとなります。教師も「みんなちがってみんないい」で,自分らしさを,自分の良さとして大切にしたいものです。

子どもとともに育つ
　子どもを育てているつもりが,子どもの笑顔やけなげさ,明るさに元気を毎日もらっているなあと感じることは多いです。子どもとのかかわりの中で,人としてのやさしさ,温かさ,誠実さ,人権感覚,そして出会いのすばらしさ,明日を見ることの大切さなど,多くを学ばせてもらっていると改めて思います。子ども育ては自分育て,子どもとともに育つ教師でありたいですね。

第14章
子どもの社会的資質能力を育む学校教育
―育てる教育相談と積極的生徒指導の関係について―

1. 生徒指導と教育相談のイメージから

　本学の学生に生徒指導のイメージを尋ねると，「怖い」「厳しい」「強権的」などの反応が返ってきます。中には「敵！」と答えた学生もいました。生徒指導といえば，体育会系の教師が，校門で竹刀を持って立ち，生徒に対して，服装検査などをしているような威圧的なイメージ（図14-1）を抱いているのかもしれません。筆者が17年前に他大学で非常勤講師として初めて講義をした際に学生に同様の質問をしましたが，現在の学生の反応と大した違いはありませ

図14-1　生徒指導のイメージ

ん。つまり学生には，そんな姿が生徒指導のイメージとして定着してしまっています。

　また，子どもが問題行動を起こしたときに，「甘やかしてはならない。毅然として対処するべきだ」と，頭ごなしに厳しい叱責を与えるのが当然と考えている教師が，今なお少なくないことも事実です。確かに「ほかの児童生徒の学習を妨げたり，学級や学校の約束を守らなかったりした際には厳しく注意し，『悪いことは悪い』と伝える」（国立教育政策研究所，2012，p.3）のも生徒指導ですが，そのような問題行動の対処だけでなく，「自分自身について悩んだり，人間関係に傷ついたりした児童生徒を受けとめ，次の一歩を踏み出せるよう支えていく」「自己の言動や生活態度をより好ましいものに高めるよう問いかけ，見つめ直させる」（国立教育政策研究所，2012，p.2）のも生徒指導です。前者を消極的生徒指導と呼ぶのに対して，後者は積極的生徒指導といわれます。生徒指導といえば，問題行動対処に限定された前者の消極的生徒指導がイメージされがちですが，ここで生徒指導の定義に立ち返ってみます。「一人一人の児童生徒の個性の尊重を図りながら，同時に社会的な資質や能力・態度を育成し，さらに将来において社会的に自己実現ができるような資質・態度を形成していくための指導援助である」（文部省，1996）と書かれているように，1960年代においても，生徒指導は学生が抱いているような狭いイメージのもではありません。

　他方，教育相談のイメージといえば，教育相談室という密室で，心に悩みを抱える子どもがスクールカウンセラー（以下SC）に相談しているという光景が目に浮かびます。これが大半の学生が教育相談にもっているイメージです。教育相談は，心に悩みのある特定の子どもが，SCという特別な存在の人と人間関係をつくって，相談にのってもらっているイメージがぬぐえません（図14－2）。

　したがって，教師の「教育相談室へ行って相談してみてはどうか？」という問いかけに対して，「病人扱いにされた」と誤解してしまう子どもがいるというのもそのためです。そのような先入観から，現状では，まだまだ教育相談室は敷居の高い場所となっています。

　ここでは，教育相談とカウンセリングをほぼ同義と見なして論を進めます。

第14章　子どもの社会的資質能力を育む学校教育

図14-2　教育相談のイメージ

なぜならば，文部科学省の SC の事業がほぼ同じ意味で使用しているからです。そこで，カウンセリングの定義をしておきます。國分は，カウンセリングとは，「言語的および非言語的コミュニケーションを通して，行動の変容を試みる人間関係である」（國分，2001，p.4）と定義しています。この定義に従うならば，密室で，心の悩みを抱えた子どもにだけ対応するのが教育相談というのでは，あまりに狭いものでしょう。

2. 対立していた生徒指導と教育相談

　教育相談（カウンセリング）と心理療法（サイコセラピー）は同義ではありません。しかし，日本では，同義に用いられる傾向が強いといえます。日本の学校において，カウンセリングといえば，ロジャーズ（Rogers, C.）の来談者中心療法がその主たるものでした。この来談者中心療法では，とりわけその傾向があります。しかし，「審判的・許容的雰囲気をつくれば生徒は変容する」という考えが，問題行動に悩む教師たちにとって，抵抗を起こすものでした。
　そんな教育相談が見直されるようになったのは，1990年代に入り，不登校やいじめが大きな問題となり，その対策として SC の配置が検討されるようになってからです。さらに阪神淡路大震災後の PTSD など，心理療法が導入されるようになったこともあって，一気に SC の全中学校配置へと進んでいきました。

筆者は，SCの全校配置の折りに教育委員会の生徒指導の指導主事を務めていましたが，退職された校長先生から「あんなノンディレクティブカウンセリングが学校をよくするとは思えない」という非難を受けたことを覚えています。その教育相談のイメージといえば，ロジャーズの初期の非指示的カウンセリングでした。筆者は「審判的・許容的雰囲気をつくる」ことは大切だと思っていますが，学校教育にそのまま当てはめるには，無理な面があると考えています。教育では，子どもたちの社会化の促進がねらいであるのに対して，旧来の教育相談はそれに対応できなかったという側面があります。特に日本に紹介された当初は，個別面接が主たる形態であったため，グループアプローチや学生中心教授法（國分，2004）という面はあまり振り向かれませんでした。そんな誤解がある中で学校現場では生徒指導と教育相談は対立する概念と考えられていた時代がありました。

SCが中学校に全校配置されるようになってからも，非行などの問題行動は生徒指導，不登校などの心の問題は教育相談と住み分けされている学校もありました。むしろSCが配置されてからは，個別に心の問題を抱えている子どもについては，SCに丸投げしてしまう傾向もみられました。しかし，問題行動を起こす子どももその生活背景に心の問題が秘められています。問題行動に対しては毅然とした対応をとると同時に，その背景に配慮して粘り強く教育相談的な対応をしていくことが必要です。そう考えると，教育相談を，SCの個別の教育相談（教育相談室）という密室に押し込めてしまうだけでなく，教師もありとあらゆる生活の場で教育相談的なアプローチが必要となってきます。

生徒指導も教育相談も，人格形成という教育の目的に対して相反するものではありません。むしろ両者が一体となってこそ学校の中でその機能を果たしていけるものと考えます。

さらに，問題行動を起こしてからではなく，問題行動を起こさないためにはどのような対応をすればよいのか，不登校にならないためにはどうすればよいのかという点に配慮してみると，かつての問題行動対応という消極的な生徒指導だけではなく，また教育相談室で悩みを聴くという治療的な教育相談だけではなく，未然防止を図ることが必要となっています。とりわけ，SCが全校配置された今，教師に必要な教育相談は，「育てる教育相談」であるといえます。

第14章　子どもの社会的資質能力を育む学校教育

　育てる教育相談は，國分の「育てるカウンセリング」を受けたものです。國分は「人間だれもが人生の途上で直面し解決していかねばならない問題を乗りこえていくのを助けるカウンセリング」と定義し，学校でいえば「進路相談，対話のある授業，クラスの人間関係，人生観の問題，性格上の悩み，部活の活性化，ホームルーム充実化などである」（國分，1997）と述べています。つまり，教師の教育相談は，すべての子どもが対象で，あらゆる教育活動と密接につながっています。

3. 育てる教育相談の進展

　「豊かな心の育成」という言葉が，公文書に初めて書かれたのは「わが国の文教政策」の「教育活動全体を通じて，子どもの発達段階や各教科等の特性に応じ，豊かな心をもち，たくましく生きる人間の育成を図ること」（文部科学省，1993）が発表された1990年代以降です。それ以来，多くの学校で「心豊かな子どもの育成」という教育目標が掲げられるようになりました。

　しかし，相反するように学校現場では，不登校・いじめなどの人間関係にかかわる心の問題がますます深刻化してきている現状があります。SCが中学校に全校配置されたのも，その対策のひとつです。しかし，治療的な教育相談だけでは，すべての子どもたちを対象とした心を育てる教育活動にはつながりません。

　このような状況の中で，「育てる教育相談」の手法を取り入れた教育実践が，全国各地で行われるようになってきました。主なものとして，生徒指導提要においては「教育相談でも活用できる新たな手法等」として「構成的グループエンカウンター（Structured Group Encounter：SGE），ピアサポート活動，ソーシャルスキルトレーニング（Social Skill Training：SST），アサーショントレーニング，アンガーマネジメント，ストレスマネジメント教育，キャリアカウンセリング」（文部科学省，2010）が取り上げられました。

　これらの技法のうち，國分が育てるカウンセリングの提唱者でもあることから，SGEが最初に普及しました。次に注目されたのが，SSTから発展したソーシャルスキル教育（Social Skill Education：SSE）です。

そこで、この2つの技法について、定義しておきます。まず、「エンカウンター」とは、「心と心のふれあい」(國分, 1981)のことであり、「構成的グループエンカウンター (SGE) とは、グループサイズ、エクササイズ、時間などの決められた枠の中でふれあい体験と自己発見をしていくこと」(國分, 2001, p.19) と定義します。次に「ソーシャルスキル」とは、「対人関係を円滑に運ぶための知識とそれに裏打ちされた具体的な技術やコツの総称」(佐藤, 2005) であり、「ソーシャルスキル教育 (SSE)」とは、学校や「学級でソーシャルスキルを学ぶこと」(小林, 1999) と定義します。

いち早くSSEを提唱したのは相川であり、「子どもにとって必要なソーシャルスキルの種類」(相川, 1999) として12の基本ソーシャルスキルをあげたことから、多くの学校で取り入れられるようになりました。それ以来、「近年、我が国の学校園における集団SST (SSE) の有効性が確認され」(金山ら, 2004)、21世紀に入ってから多くの学校で実践報告がなされてきています。

しかし、それらの取り組みは学級を対象としたものが大部分であり、学年が変われば、そこで停滞してしまいます。そこで、清水は「総論ばかりが先行して、各論つまり具体策がなかなか出てこない」と指摘し、「基本型からしっかりと、社会性を高めるスキル (技術) を教えることが必要である」(國分, 2008)として「社会性を育むスキル教育」(SSE) を提案しています。この埼玉県教育心理・教育相談研究会の取り組みでは、「発達段階に即した学年ごとの指導の在り方と年間指導計画の開発」を参考に、「小学校1年生から中学校3年生までの9か年を系統的に指導する中で、社会性を育むためのスキル教育を身につけさせていく」(國分, 2007) ことをねらいとした実践研究を始め、今日に至っています。

4. SSEとSGEの教育での活用

学校教育が、他の教育の場に比べて優れているところは様々な人と出会い、育ち合う場だからです。しかし、知識の獲得だけを目的とするならば、塾や家庭教師のほうが、個別的で合理的な学びができるに違いありません。河村は、「日本の学校教育は、学級集団を単位にして、その中で子どもたちに生活や授

業・体験型の学習を展開していくところに特徴があります」(河村, 2009) と述べ,「対人関係の体験学習を, 学校や学級集団のような小さな組織社会の中で, 系統的に行う機関は, 現在の日本では, 学校以外にはとても少ないのが現状です」(河村, 2007) と, 学校教育が塾や通信教育などの知識の習得を目的とするだけの教育機関との違いを明らかにしています。

　子どもたちは, 学校において個性をもった級友と互いに学び合うことによって, 他者からのフィードバックを受け, 自らの思いや考えにいっそう磨きをかけることができます。また, 学級では, 知性ばかりでなく, 情緒的な面においても自ら心を開いていくことで他者理解を通しての自己理解を深め, 自らの感受性を磨いていきます。さらに, 子どもたちたちが, お互いに協力し, 切磋琢磨することで, 所属集団が成長し, 同時に個人の社会性(「人間関係を形成したり, それを維持していく能力」(國分, 2001, p.339))も育ち, 社会に対する適応性が高まっていくと考えられます。半面, 現代の学校においては, その学び合いや育ち合いを妨げている課題が多く存在しています。この点について, 1996年の中教審答申では「生活体験や社会体験の不足もあって, 子供たちの人間関係を作る力が弱いなど社会性の不足が危惧される」(文部省, 1996) と指摘しています。また日本特別活動学会が実施した調査においても,「望ましい人間関係形成の阻害要因について…『大いに阻害している』,『阻害している』と回答したものを合わせると,『地域の人々や子どもたちとのかかわりの不足』が93.3%で最も多く,『家庭における会話の不足』91.6%…」(関本, 2011) をあげています。

　小林は,「遊び, 特に大勢の中で遊び, 人と一緒に何かをするのは心地よいという体験が子どもたちにソーシャルスキルを学ばせてきた。その機会が, 現代ではなくなった。…仲間同士でつながるソーシャルスキルを学ぶ機会は, どんどん減ってきた」(小林, 1999) ことを指摘しています。このように, 地域や家庭で人間関係を形成する力などの社会性の不足が指摘され, 集団生活の前提となる「話す」「聞く」「あいさつをする」「相手の気持ちを読む」などの人間関係を形成していくうえでの基礎的な社会的スキルが身についていない子どもが増えています。さらにまた, 藤枝・相川 (2001) は「子どもたちの対人関係の未熟さは, 不登校や学級崩壊, いじめなどの原因のひとつとも考えられ,

第IV部　主体を生きる子どもたち

図14-3　ソーシャルスキルを学ぶ

深刻な問題…」と捉えています。佐藤は「近年，増加する不登校やいじめ，校内暴力，学級崩壊などの学校における子どもの不適応行動の背景として，子どもの対人関係能力の低下，とりわけ社会的スキルの欠如が多くの研究者によって指摘されている」（佐藤・立元，1999）と述べ，学校現場で，集団内でのトラブルが絶えず，個の成長が期待できなくなる状況を予見し，予防的介入の必要性を訴えています。

　以上のことを踏まえて，筆者は，相川や小林が提唱する SSE や，國分によって開発された SGE のエクササイズを実施することで，学級のルールを確立し人間関係を改善していく研究実践に取り組んできました。

5. A市立B小学校の取り組みから

　筆者は，清水，相川の先行研究を受けて，校長として3年間にわたって，学校を挙げて SGE で触れ合いのある人間関係を深めたうえに，SSE の実践を行うことで，子どもたちの人間関係の改善を図り，自己肯定感を高めることに成功し，その結果学校生活全体が落ち着き，問題行動も減少することができました。

　ここでは，社会性を育てるために取り組まれた事例をあげ，育てる教育相談の手法が，子どもたちの問題行動を未然に防止し，健全な発達を促していくという積極的生徒指導の考え方につながっていくことを明らかにしていきます。

　A市立B小学校では，子どもの実態・地域の実態を捉え直し，何が子どもたちに欠けているのか，どのような取り組みを仕組んでいけば，対人関係が改

善され，自尊感情が育まれるのかということを課題として研修を始めました。まず，子どもたちの荒々しい言葉遣いについては，言葉遣いに問題がみられる家庭が少なくなく，そんな言葉遣いをすることで，相手に有無を言わせずに問題を解決してしまおうとする態度が子どもの悪しきモデルになっています。そのことは子どもたちが短絡的に問題を解決しようとすることを加速していきます。研修では，相手を傷つける言動や，挨拶，話を聴く態度，温かい言葉掛けなどコミュニケーションを問題にしました。子どもたちの言動が変容すれば，心の在り方も変わっていくのではないかと考え，研修テーマを「子どもたちのコミュニケーション力を育て，自尊感情を高める」に定め，サブテーマを「社会性を育てるスキル教育を柱にして」としました。

　子どもたちが，「体験で身につける人とのつきあい方」を通して，社会的スキルを学んできたと考えるならば，荒々しい言葉遣いなどは，社会性の未熟さと捉え，そこを修正すれば，対人関係能力が高まり，自尊感情も育まれていくのではないかと考えました。つまり，「社会的スキルの誤学習，未学習」として捉え，それを修正する取り組みを始めました。具体的には，あいさつができない子，聞く態度が身についていない子，他者を傷つける言葉を平気で言う子，素直に謝ることや感謝の言葉を言うのが苦手な子などがいます。こんな子どもたちは，集団生活の中で，お互いを傷つけ合うことで，自尊感情を低下させ，自ら意欲を失い，負の連鎖に陥って対人関係を悪化させてきたと考えられます。このような子どもたちの言動を社会性の誤学習か未学習と捉え直し，この言動をスキルと捉えて，この点を修正すれば言動は変容すると考えました。

　また，問題の所在を子どもたちの気質や性格の問題にせず，人間関係に関する知識やスキルの獲得という考え方に立って，それを体系的に教えることができれば，子どもたちの対人関係の在り方が変容し，お互いを支え合うような言動が広まり，その結果，自尊感情も高まっていくのではないかと考えました。

　また，学校経営の視点から，学年が変わることで，指導法が一変することがないように，学年毎の系統的なプログラムを作成し，積み上げていくことで，教師個人の力量に頼ることなく，子どもたちの規範意識が育ち，信頼のある人間関係が醸成されるものと確信します。

(1) 研究方法・研究内容

　ソーシャルスキル教育では，例えば「思いやりの心を育てる」という目標であれば，具体性のある「温かい言葉掛けのスキル」に分解し，そのうえで，このスキルの①意義を説明し（インストラクション），②具体的にどうすればよいかのお手本を見せ（モデリング），③子どもたち自身に実際に練習させ（リハーサル），④子どもたちのやり方のよいところは褒め，修正点は指摘し（フィードバック），⑤こうして身につけたスキルを日常生活の中で定着化できるようにします。つまり，目標に至るまでの道筋を小さなステップに細分化して，少しずつ前に進めます。この技法のよさは，モデルを示したり，子どもたち自身が自ら体験することで，身につく点にあります。

(2) 研究の実際

　人づきあいの仕方を改善していくために，学級活動や総合的な学習で学級集団に行う開発的なプログラムが必要です。どの学級にも人づきあいの苦手な子どもがおり，その子どもが個別に成長できたとしても，大半の子どもが生活をする学級で，子どもたちが評価しなければ，効果は半減してしまいます。子どもたち全員が，同じ空間で人間関係のスキルを学ぶことで，話し合いやグループ学習で生じる集団ダイナミズムを利用して，子どもたちの良さを引き出し，全体として人づきあいの仕方のレベルを上げていくことができます。そこで学級集団で行う開発的なプログラムを実施しました。

【事例1】1年　学級活動「話の聞き方　ピン，ピタ，グー」
　ここでのねらいは，「人の話を聞くための姿勢を身につける」ことです。そのためには，「目とおへそを話す人のほうへ向ける。足の裏はピタッと床につけます。机とお腹の間は拳（グー）ひとつ」であることをしっかりとおさえたうえで，できていれば「ハイッ」と掛け声をします。同時に「目とおへそ」を話し手に向けるよう意識づけます。良い姿勢の子どもをモデルとして，皆の前で披露し，その後三人組になり，話し手，聞き手，観察者の役割をつくり，「ピン・ピタ・グー・ハイッ」の掛け声で，役割を変

えて練習し，随時良い姿勢になったことを褒めていくようにしました。
　この授業にはゲーム的要素があり，子どもたちは，嬉々として練習に取り組みました。その結果，授業中の聞く姿勢が見違えるように良くなりました。また，崩れてきたときも叱ることなく，「ピン」「ピタ」「グー」の一声で子どもたちが姿勢を意識するようになりました。
　　　　　　　　　　　　　　（埼玉県教育心理・教育相談研究会，2005）

【事例2】　6年　学級活動「みんなと同じくらい話す」
　ここでのねらいは，「班での話し合いでは，全員がみんなと同じくらいに話すことができる」ことです。ここでは，話し合いがうまくいかなかった班のモデルを見て，どこに問題があるのかを考えさせ，自分の意見ばかりを押し通したり，黙ったままで人まかせにしていたり，人が発言している最中に割り込んだりしたりしていることに気づかせるようにしました。そして，「みんなが心地よい話し合いの仕方」を考えることで，問題点を解決する方法として，「自分ばかり話さない」「だまったままでいない」「自分の順番が来たら話す」という考えに導きます。スキル学習のねらいは，知識を理解することや態度を育てることではなく，スキルを獲得することです。ここでは「話し合いができるようにする」ことです。したがって，気づいた後にインタビュー活動をして，「自分の順番が来たら話す」ことに重点を置いたトレーニングをします。この授業のよかった点は，「相手の身になって話しなさい」などのような指導ではなく，モデリング，リハーサルなどで具体的な疑似体験をすることで，自分や相手の気持ちに感情移入しやすくなってくることです。授業中の子どもたちの表情が柔和になってくることからも，子どもたちが「やらされている」という感情をもたず，嬉々として，練習に取り組んでいることが見られました。　　（末田，2011）

(3) 結論
　プログラム実施後，子どもたちの活発な姿がみられ，すぐに効果が表れまし

た。スキルに課題のある子どもを含めて,体験的に楽しく学ぶことでその時間から姿勢が改善し,発言が活発になりました。このような指導では,指示的になりがちな指導についても,モデルを見て,自分で「心地よい話し合い」の体験をすることで,意欲的な学び直しができます。これについては,アンケート結果にも表れています。年度当初から系統立てて授業に取り組んできたので,社会性の指標としてコミュニケーション能力,自己表現力,集団参加能力についてアンケートにまとめてみました(中村,2013)。行事の事前指導や学級活動の授業として取り組んだ集団参加能力が非常に高い数値を示しています。このことから,社会的スキル教育を系統的に学級集団に実施することで,集団の意識が高まってきたことは間違いありません。「自分の思い通りにならなくても我慢できる」という項目が飛躍的に伸びていることは特筆に値します。とりわけ6年生は,「下級生に対する接し方」「適切な言葉の遣い方」「トラブルの解決策」などに力を入れた取り組みをしてきた成果が表れたといえます。この取り組みによって,周囲の友だちのスキルが向上し,課題のある子どものストレスも減少して,その結果として,我慢ができるポイントが上がったものと思われます。

6. おわりに

B小学校では,全校を挙げてSSEを行うことで,教師が,授業で行う生徒指導において指導の一貫性が図られ,子どもたちに必要とされるソーシャルスキルの定着が促進されました。その結果,子どもたち相互の人間関係が改善され,生徒指導上の問題行動が低減しました。

学校現場では,生徒指導と教育相談が対立していた時期がありましたが,現在では,育てる教育相談のプログラムが,問題行動の未然防止にとどまらず,子どもたちの健全育成に資することが明らかになってきています。すなわち積極的な生徒指導を実施していくうえで,必要な手法を提供するものとなってきています。むしろ,育てる教育相談と積極的生徒指導はほぼ同概念と考えられるようになっており,生徒指導提要においては,教育相談は,生徒指導の中核概念と考えられるようになっています(図14-4)。

第14章　子どもの社会的資質能力を育む学校教育

図14-4　生徒指導と教育相談の関係

Column14
教育カウンセリング

　教育カウンセリングとは，教育の役に立つカウンセリングのことです。教師だからこそできるカウンセリングであるともいえます（國分，2004，p.8）。

　スクールカウンセラーが中学校に全校配置されたのは，2002年です。この年，筆者は某教育委員会のスクールカウンセラー配置担当をしていました。そのとき，疑問に思ったことがあります。全校配置になるまでは，養護教諭をはじめ多くの教師がカウンセリングを学んでいましたが，すべての中学校にスクールカウンセラーが配置されることによって，カウンセリングが多くの学校で教育相談室に閉じこもりがちになってしまいました。スクールカウンセラーが専門職となることによって，多くの教師がカウンセリングを学ばなくなってしまい，不登校などの問題は，スクールカウンセラーにお任せしてしまうことになってしまったのです。

　臨床心理士の守備範囲は，病理的心理の治療を行うことです。治療的なカウンセリングはもちろん必要です。筆者は，臨床心理士のこのようなフィールドを否定するわけではありません。しかし，不登校にならないために，またいじめの被害に遭わないためには，予防が必要です。さらにすべての子どもたちにとっては，より健全な育ちが求められます。不登校やいじめは人間関係の中で生まれます。予防的開発的なカウンセリングによって，良好な人間関係が育っていれば，いじめや不登校の多くは未然に防止することができます。さらに子どもたちの自尊感情を育てることにもなるでしょう。教師のフィールドは，教室であり，運動場であり，その他学校のあらゆる場所であり，家庭とのつなぎ場所です。ここにカウンセリングのフィールドがあります。したがって，教師のカウンセリングは，個別面談や家庭訪問など個別的なものだけでなく，心理療法と違って，学級経営，授業の改善，キャリア教育など，予防的で開発的なカウンセリングをもその対象とします。

　教育カウンセリングは，「教育とカウンセリングを統合した知識体系と技法体系の総称で，発達課題を解きつつ成長するのを援助するのに役立つように知識と技法を構成する」（國分，2004，p.9）ものであり，人間の成長に役立たせることを目的としています。

第15章
発達障害の理解と支援

1. 発達障害とは

　発達障害とは Developmental Disorder に対応する用語で，発達の順序（order）が健常児と違って発達のアンバランスを抱えている状態です。「害」や「碍」を使わない呼び名が定着すればよいと思います。その原因は育て方や環境ではなく，脳の神経回路のネットワーク（つながり具合）にあるようで，完全な治療法は未だ確立されていませんが，早期に発見して支援を続けると大きく成長・発達を遂げます。逆に叱責や否定的な扱いを受けるなど不適切な環境では，本来の障害に由来しない劣等感や自信喪失などで苦しむことになりますので，本人の状態をよく理解し，家族・友人・学校，さらに社会全体で支えていく必要があります。

　保育者たちから，近年気がかりな子どもが増えているとの声があり，子どもの特徴や交友，発達の遅れ，身辺自立など，対応に工夫が必要になっています。現在発達障害に関する書物が書店に並び，セミナー等も多く開かれるようになって知識が広まり，特別な専門家ではない保育者も簡単なチェックリストによって障害の識別がある程度可能になりました。さらにその先の具体的な支援の方法が求められます。

　対応に工夫が要る「困った子」は，周りが困っている以上に本人自身がもっ

とも「困っている」といえます。その困り感を発達障害のいくつかのタイプに分けて以下に示します。

(1) 勉強ができないのは本人のせい？（LD）

　小学校の国語の時間に先生から本読みを当てられたリョウ君は，とちったり詰まったりして読みにくそうにしています。行を飛ばしてしまってクラスで笑われることもしょっちゅうです。でも彼は算数が比較的よくできます。また，読み書きは普通にできるのに算数の計算だけができないライタ君は，みんなができるような計算問題に苦労して，解くのに人の何倍も時間がかかります。何度練習しても漢字が書けないリサちゃん，先生の話をちゃんと聞いているようでいて，指示通りできないランちゃん，彼ら彼女らの学習の力は，みんなどこかデコボコしています。

　勉強のできない子どもたちは，教室の中の「困った子」として片付けていいのでしょうか。能力が低いのは自分のせいだ，努力が足りない，もっと勉強しなさい，人は皆平等だから。これらの考えは本当でしょうか。実は一番「困っている」のは間違いなく本人たちです。まずは本人たちの困り感に耳を傾けてみる必要があります。

　本読みが大の苦手なリョウ君に聞いてみたところ，どうやら文字が二重に重なってみえるようです。それと「あ」と「お」や，「ね」と「れ」の区別がなかなか見分けられなかったりすることがわかりました。彼の場合は本人もあまり自覚していなかったけれど，文字の見え方に原因があったのです。私たちだって，ものが二重に見えるメガネをかけて教科書を読みなさいと言われたら，すらすらと簡単には読めません。リョウ君は大きなハンデを背負っているといえます。もしも私たちが大きな荷物を背負わされたまま，他の人に合わせて来なさいと言われたら，なんで私だけ？　と疑問に思い，きっと悩むことでしょう。

　漢字が書けないで困っているリサちゃんは，以前に先生から20回書いて覚えられなければ100回書きなさいと言われ，一生懸命何度も何度も漢字を書いて練習しました。それでも学年で覚えなければいけない漢字の半分も習得できないので，どうせ私なんかと，次第に自分を見下し，自尊心を失くしてしまいました。担任の先生はその後，発達障害の研修会に参加したり本を読んだりして，

学習障害という概念に出合います。そして漢字が書けない子どもの場合，繰り返し練習することがかえってマイナスになることを知り，リサちゃんには，漢字を部分に分けて語呂合わせふうに覚えるように指導しました。例えば「花」という字は，草冠にイヒイヒだよ，と。そうした方法をいろいろな漢字に当てはめていく中で，リサちゃんは少しずつ漢字を習得し，表情も明るくなりました。

　大学生のリカコさんは，なんでもかんでもとにかくメモってみるというメモ魔です。学年でトップクラスの成績の秘密はそこにありそうなので，どうしてそんなにメモを取るのかを尋ねたら，意外な答えが返ってきました。「私，記憶がとても弱いんです」と。なるほど，専門の成績は抜群なのに，暗記することが多い第二外国語はあまり芳しくありません。それでも彼女は自分のウィークポイントをメモを活用するという形でうまく補って，立派な成績で卒業し，社会で活躍しています。

　ここに登場した人たちは皆，他のことは普通か普通以上にできるのに，特定のことについては非常に弱いという特徴があり，こうした状態を学習障害（Learning Disorder：LD）と呼んでいます。文部科学省の定義では，全般的な知的遅れがないのに，読む・書く・聞く・話す・計算・推論のうちいずれかが著しく弱い，とされていて，その原因は育て方や環境ではなく，中枢神経系（＝脳）の働きや脳の構造の特殊性にあるようです。

　私たちの脳は皆クセがあり，完全な脳というのはなくて，他の人ができても自分にはできないということが誰にだってあります。脳の特殊性，あるいは脳のクセは生理的なもので，本人の自由意思でどうなるものでもありません。授業で出されたレポート課題を「夜中の2時，3時までやってもA4用紙の半分しか書けませんでした，みんないったいどうやって書いているんでしょう？」と真顔で尋ねた大学生のリエさんは，決して努力不足ではなく，他の人と少し違った脳のクセがあるといえます。実は彼女の記憶力は人一倍優れていますが，話を聞いてまとめることについては，非常に苦労しています。

　以上の事例を総合すると，出来栄えだけを評価して，勉強ができないのはあなたのせいだ，と決めつけることはかえって不平等であることがわかるでしょう。障害に応じた教材を整えることが必要です。

(2) しつけが悪い？（AD/HD）

　レストランに家族連れで来た御一行様の中ににぎやかなお子さんがいて、大声を出したり店内を走り回ったりする光景に出合ったことがあるでしょう。そんなときはふと、親はいったいわが子にきちんとしつけをしているのかなあと思ってしまいます。スーパーマーケットの中を運動場代わりにして親と一緒になって駆けっこするのは論外ですが、元気過ぎる、活発過ぎるお子さんの中には、もしかして衝動を抑えきれず、どうしても動き回りたいという症状が隠されているかもしれません。

　あるとき支援室で会議をしていていました。時間がきたら対象児が来ることはわかっていたのですが、会議が長引いていました。中学1年生のアンドウ君は、約束の午後2時頃にやってきました。突然ドアがバタンと大きな音がして開き、「こんにちは！！！！」と目いっぱいの大声で挨拶しながら部屋に入ってきたので、彼の衝動性を理解はしているのですが、私たち一同思わずのけぞってしまいました。

　アダチ君のお母さんは、お子さんが注意散漫で小学校の勉強が手につかず遅れがちになっているのを心配して、家庭教師を雇って彼の勉強をみてもらうことにしました。やってきた家庭教師のお姉さんは、アダチ君の勉強のやる気を引き出すために、ご褒美にと思ってミニカーを持参しました。そして宿題ができたらこれで遊ぼうね、とミニカーを手渡したのですが、その途端に彼はミニカーで遊びはじめ、やがてそれを使って床一面を疾走し始めてまったく止まらなくなりました。お姉さんはどうしたらよかったのでしょうか。厳しく叱るべきですか。それとも親のしつけがなってないとして親を責め、親にお説教しましょうか。

　衝動性を抑えられず、歩き回ったり突発的な行動をしたり、周りに気が散って肝心の授業や家のお手伝いが続けられない、など、不注意・多動・衝動といった特徴の症状は、注意欠如／多動性障害（Attention Deficit/Hyperactivity Disorder: AD/HD）といわれます。

　良識ある親なら、わが子が人に迷惑をかけずにルールやエチケットをしっかりと守って社会生活を営んでほしいと望むでしょう。そのために子どもの逸脱行動に対しては叱責し、それでもいうことを聞かなかったら体罰を加えること

もあり，なんとか普通の子に育てたいと悪戦苦闘します。公共の場でわが子が大声を出したり走り回ったりしたときの周囲のしかめ面や冷たい視線は，親の心に刺さります。子どもの成長を望む親だからこそ，人一倍わが子を叱ります。アンドウ君もアダチ君も，たくさん叱られてきたでしょう。叱られたからといって，自分をうまく制御できるようにならないので，叱られ損です。あまりにも叱られると，自分はダメな人間なのだと思い知ることになります。このように自分の能力の弱さを人と比較して，劣等感を抱き，叱られ過ぎて罪悪感や自己否定的な感情に陥ることを，本来の障害に由来しないという意味で二次障害と呼んでいます。小さい頃はまだしも，思春期になると体も大きくなり，反抗したり乱暴になったりしないとも限りません。叱責はよくないやり方ですし，二次障害にならないために親や教師は十分注意する必要があります。

　AD/HDは発達障害の中で唯一薬が効くことがあります。コンサータ等の薬を服用すれば，個人差はありますがそれまで動き回って一時もじっとしていなかった子どもが，嘘のように静かになって勉強や家業に集中できます。この薬はドーパミン等の脳内の神経伝達物質をうまく働かせ，脳内で命令がうまく伝わるように促す効果があり，行動のコントロールを助けます。

(3) ほんとに一人でいたいの？（ASD）

　幼稚園教諭の免許取得のためには一定期間教育実習に行く必要があります。実習中の学生を園に見回りに行くと，そこでたいてい発達障害児に出会います。ある幼稚園で一人の男児が皆から離れて遊んでいる様子を見せてもらい，新米園長先生とこんな会話をしました。「みんなの輪に入らないんです。彼は一人になりたいんでしょうか」「もしかして皆と遊びたいけどその方法がわからないのかも知れませんねえ」等々。輪に入らないからといって，孤独を愛する園児だと決めつけていいのでしょうか。彼の行動を私たちの尺度でみる限り，本人の困り感や不安をうかがい知ることは正直言って難しいです。

　施設実習に参加した学生が，実習初日の朝，自閉症児に「おはよう！」と元気一杯声を掛けました。でも反応がありません。2日目にはもっと元気よく「おはよう!!」と声を掛けましたが相変わらずです。次第に彼女は自信を失っていきましたが，私は彼女に，「でもそれが自閉症なんだよ，授業で習ったでしょ

う」と説明した次第です。見かけや通常の不自然な応対の奥にある相手の中身をよく理解し，粘り強く支援する必要があります。

　言葉の運用を含めてコミュニケーションが苦手で人と接することができず，社会性が乏しくて会話の順番が守れなかったり人を気遣ったりできない，また，興味が偏る，こだわりが強い，比喩を理解できない，などの特徴をもつ発達アンバランスを，自閉スペクトラム症（Autism Spectrum Disorder：ASD）といいます。従来は，言葉の遅れや知的遅れを伴なわず特定の領域で人一倍才能を発揮するけれども通常の仕方では人と交流できないといった症状の「アスペルガー症候群」や，典型的な自閉症から少し離れた特定不能の「広汎性発達障害」などの分類がありましたが，現在は「自閉スペクトラム（＝連続体）症」にまとめられています。

　ある女子学生が所属していたボランティア・サークルでは，自閉症児を散歩に連れ出すと，新入部員は決まって鼻血を出して帰ってくるそうです。聞くと，自閉症君がパニックになって暴れ，その手が部員の顔に当たり，鼻血を出して帰ってくる，ということでした。彼は乱暴で困った子でしょうか。いえ，実は知らない場所に連れて行かれて不安に駆られ，自分が不安だとも自覚できずに焦って必死の状態だと考えられます。

　3歳で自閉症と診断されたアスカ君は，家中の水道を出しっ放しにして一日中飽かずに眺めていました。きっと同じことが繰り返されるのを見て安心していたのでしょう。お母さんは当時を振り返って，水道代がかかって仕方がなかったと苦笑いされていました。思春期に私と出会った頃は，熱心なお母さんのおかげで普通児とほとんど変わらない様子でしたが，動物や鉄道に対して非常にこだわりが強く，脳のクセは健在でした。

　記憶力抜群の大学生のアサコさんは，友だちの会話に入っていくことができません。彼女の様子から自閉症の傾向が疑われました。パソコン実習などで親切な友だちが手伝ってくれるのですが，お礼を言うことができませんでした。何かしてもらっても心の底から感謝の情が湧いてくることがなかったのです。最初は親切にしてあげていた周りの人たちは，ありがとうって言ってくれないとがっかりして，次第に遠ざかる場合もあります。でも彼女は学年が進むにつれて様子が変わり，私の研究室で話をしていたときに，「ありがとうございま

した」と言ってくれたので,「ありがとうって言えるんだ」と伝えたところ,「友だちに教えてもらいました」と言っていました。彼女は良い友だちに恵まれて,人とつきあう技術を学び,なんとか卒業していきました。

今から70余年前に自閉症が報告されてから様々な議論があり,精神疾患の一種だとか,冷蔵庫のように冷たい母親に育てられたなどと誤解されてきましたが,現在では環境や養育のせいではなく,主として脳の働きの障害だとわかっています。

2. 発達障害の分類

2005年施行の発達障害者支援法によれば,発達障害とは,「自閉症,アスペルガー症候群その他の広汎性発達障害,学習障害,注意欠陥／多動性障害その他これに類する脳機能の障害であってその症状が通常低年齢において発現するもの」として定義されています。法律施行の意義のひとつは,知的遅れがなくても支援の対象であることが明記されたことです。前節ではアスペルガー症や広汎性発達障害を含めた自閉症,学習障害,注意欠陥／多動性障害の例を述べました。

昔から「発達障害」があったわけではありませんし,AD/HD様の症状に至っては1960年代では微細脳損傷と呼ばれていましたが,その後研究が進みました。昔は症状がなかったのではなく,適切な分類が行われなかったと考えられ,したがって今後も研究の蓄積により分類が変わっていくでしょう。そもそも分類とは,自然の中にある程度のまとまりがあって,それをもとにして人が勝手に枠組みを設定しているものなので,線引きは曖昧です。それゆえ人や国によって違うと不便なので,国際的にアメリカ精神医学会のDSMという診断基準が用いられています。

現在のDSM-5では神経発達症群という大分類が発達障害にほぼ対応し,その中に「知的能力障害群,コミュニケーション症群」「自閉スペクトラム症群」「注意欠如・多動症」「限局性学習症」「運動症群」という下位分類があります。先の法律の定義でのアスペルガー症や広汎性発達障害といった自閉症関連が区別なく連続体（スペクトラム）としてまとめられたことで,それに伴っ

てどんな自閉症かを詳しく吟味することが求められます。各分類項目で細かい診断基準が設定されています。

3. 発達障害児支援の方針

発達障害の対処方法は，歯が痛いから歯医者さんに行って処置してもらうという医療モデルではなく，日頃から家族や学校での受容的な人的環境のもとで成功体験を重ねて，得意を伸ばす，不得意をカバーする（あるいは迂回路を探る），自尊心をつくること等を目指します。

(1) AD/HD児の支援

小さい頃から落ち着きがなく乱暴でいたずらが過ぎるとして親に叱られ，学校では先生に目をつけられて本人も苦しみますが，AD/HDであるということがわかれば周りの人たちの対応も変わってくるので，早期発見が必要です。薬物療法に加えて，物語を聞かせて登場人物の本当の気持ちを尋ねる等，相手の気持ちを理解する訓練を行うとか，教室では余計なことに注意を奪われないように一番前に座り，掲示物もできるだけ取り除くなど，環境整備を心がけるとよいでしょう。また，教室でじっと座り続けることが我慢できなければ，先生がその子にプリントを配らせる役を依頼するなどして，一度動いて発散させることも有効です。

(2) LD児の支援

読みが苦手な子どもなら視力は大丈夫か，聞き取りがうまくない子どもなら聴力はどうかといった医学的な検査が最初で，次に症状に応じて工夫します。読み飛ばすことを防ぐために，一行だけが見えるスリットを作ってテキスト紙面に当てていくとか，文字を大きく印刷する，聞き取りやすいようにゆっくり話す，録音機を使う，計算が苦手なら電卓使用を許可する，など，本人が苦手とすることを補いながら本来の学習を進めていきます。情報機器の使用も考慮するとよいでしょう。

漢字がうまく書けないリサちゃんは，ガンバレと言われてもこれ以上何をど

う頑張ればよいのか途方に暮れてしまいます。LD児に通常の反復練習はかえって「自分はバカだ」と自尊心を砕かれるので，それよりも先に述べたように象形文字ふうに練習したほうが有効だといわれます。普通の方法ではない，オーダーメイドのやり方を工夫しなければいけません。

(3) ASD児の支援

　従来から様々な自閉症治療が提唱され，特殊な周波数を盛り込んだモーツァルトの音楽をヘッドフォン装着して聴くものや，身体運動を推奨するものがあります。中には服薬や注射による死亡例がありますので，少なくとも身体に薬物等を取り入れることは避けたほうがいいでしょう。最近はそのような特殊な技法よりも，日常場面で親が子どもへの適切な対処を学ぶような，アメリカの大学関連機関で行われているSCERTS（Social Communication, Emotional Regulation, Transactional Support）などの包括的なアプローチに関心が向けられています。

　自閉症児は言葉による指示が伝わりにくい反面，視覚的な処理が得意であったりすることから，絵カードなどを利用して園での活動や望ましいルールを説明して伝える実践が多く報告されています。絵カードやマンガを併用した園の一日の出来事の表を活用して，生活習慣を身につけてもらいます（図15-1）。

　自閉症児などに視覚支援教材を用いて，作業場所を区切る構造化や時間のスケジュールを行うアメリカのTEACCH（Treatment and Education of Autistic and related Communication-handicapped Children）という認知訓練プロ

図15-1　スケジュールの絵カード

グラムは，世界的に成果をあげています。

　スケジュールや手順をわかりやすく視覚的に示すだけでなく，理解し代弁してくれる人がいて心の支えになってくれることが大切です。ルールやスキルの訓練は，安心・愛着関係を築くという心のケアを前提にすればよいと考えられます。

4. 具体的な取り組み

　ある保育園に典型的な自閉症のアツシ君が転園してきました。彼は皆の輪に入らず，思い通りにならないとパニックを起こし，泣き暮らす日々でした。担当保育士さんは，当初アツシ君の一対一の安定した愛着形成を築くことを優先して，付きっ切りで彼の好きなようにさせていました。アツシ君は保育士さんの安心基地を手掛かりにして次第に変化していきます。園全体で取り組みを工夫し，抱っこされたら友だちの輪に入れる，友だちと手をつないでいたら一緒に遊べる，という具合に段階的に集団参加を促したところ，社会性が芽生えてきたとともに，遅れていた認知発達も向上しました。アツシ君の場所に他児が彼と同じモノを持って入ると許されたり，同じ扮装をしたら一緒に遊べたりして，モノを介して自閉症児と友だち同士交流できることもわかりました。

　「一対一の安心できる愛着関係の形成」と，「集団参加」の2つを目標にして，お母さんも一緒になって園全体でアツシ君の支援を行ったところ，良好な結果を得ました。小学校に入っても温かい指導者に恵まれることが望まれます。

5. 大学の授業から学ぶこと

　大学で発達障害を学ぶ機会として，教職免許取得のための必修授業「教育心理学」や，その名の通り「発達障害」の授業等があります。今まで述べてきた事柄以外に，その一例をご紹介します。

(1) 特別支援教育，インクルーシブ教育

　近年世界的な流れの中で，日本でも発達障害児童生徒と健常児童生徒とが一

緒に教育を受けるインクルーシブ教育が導入されています。文部科学省(2012)の年報告では,「インクルーシブ教育システムにおいては,同じ場で共に学ぶことを追及するとともに,個別の教育的ニーズのある幼児児童生徒に対して,自立と社会参加を見据えて,その時点で教育的ニーズに最も的確に応える指導を提供できる,多様で柔軟な仕組みを整備することが重要である」(文部科学省,2012)として,インクルーシブ教育とは健常児童生徒も障害児童生徒も,同じ場でともに教育を受けるものだと説明されています。

　諸外国の事例をみると,制度を整えて順調に運営している国もあれば,通常学校内で障害児が強い挫折感や劣等感をもって精神的に傷つく事態に陥ったために,健常児童生徒と分ける分離型特殊教育に逆戻りしてしまった国もあります。日本では先の文科省報告の続きとして,「小・中学校における通常の学級,通級による指導,特別支援学級,特別支援学校といった,連続性のある「多様な学びの場」を用意しておくことが必要である」と述べられているように,必ずしも全員が同じクラスで学ぶことを目的にしていないイメージがみえます。

　完全なインクルーシブ教育ではない特別支援学校で教育することは,直接的な支援が可能である利点と,特定の人間関係や特別支援学校が限られた環境であり,刺激が乏しい面があります。

(2) 調査結果から大学授業の効果を見る

　中学・高校の国語・英語・家庭科の教員免許取得を希望する教職課程履修中の本学1回生21名にインクルーシブ教育についての以下の3つの質問を行いました。

Q1：もしもあなたが教師3年目で,担当するクラスに発達障害児童生徒がいたらどう思いますか。また,あなたはどんな心配や悩みがありますか。自由に記述して下さい。

Q2：もしもあなたが健常児童生徒の保護者なら,自分の子どもが発達障害児童生徒と一緒に教育を受けることをどう思いますか。自由に記述して下さい。

Q3：発達障害児童生徒にとって,健常児童生徒と一緒に教育を受けること

について,自由に記述して下さい。

　彼女らはまず質問に回答してから,発達障害に関する3回の授業を受け,その後に再び同じ質問に回答しました。その自由記述をKHcoderという特殊なソフトで解析すると,授業前後での違いが明らかになりました。学生たちは事前調査では発達障害児を若手教師としてどう扱うかを心配していましたが,授業後には,対象児への理解や相談によって子どもたちが成長する重要性に気がつきました。3回の授業によって発達障害についての適切な知識と理解を得て,発達障害児を距離を置いてみる三人称的な態度から,目の前の困っている相手と向き合う二人称の気持ちに変化したと考えられます。

　日頃から発達障害児に接することが少ない経験の不足を,せめて知識で補うことは大切なことだと実感しました。発達障害児へのより深い理解と支援の仕方が益々浸透することが望まれます。

＊本章では,言及する事例の時期や法律によって,障害の分類名をあえて使い分けています。

Column15
子どもの療育

　保育園や幼稚園に受け入れられて，献身的な世話を受けることができる発達障害児は幸せです。ある保育園に典型的な自閉症のアツシ君が転園してきました。彼は皆の輪に入らず，思い通りにならないとパニックを起こし，泣き暮らす日々でした。担当保育士さんは，当初本児の一対一の安定した愛着形成を築くことを優先して，付きっきりで彼の好きなようにさせていました。アツシ君は保育士さんの安心基地を手掛かりにして次第に変化していきます。園全体で取り組みを工夫し，抱っこされたら友だちの輪に入れる状態から，友だちと手をつないでいたら一緒に遊べる，という具合に段階的に集団参加を促したところ，社会性が芽生えてきたとともに，遅れていた認知発達も向上しました。アツシ君が他児の侵入をかたくなに拒む場所に，他児が彼と同じモノを持って入ると許されたり，同じ扮装をしたら一緒に遊べたりして，モノを介して自閉症児と友だち同士交流できることもわかりました。
　「一対一の安心できる愛着関係の形成」と，「集団参加」の2つを目標にして，お母さんも一緒になって園全体でアツシ君の支援を行ったところ，良好な結果を築けました。小学校に入っても温かい指導者に恵まれることが望まれます。
　発達障害児のお世話をする公的機関として，児童福祉施設や特別支援学校があります。前者のうち特に次の施設は，発達障害の子どもの生活を支援することができます。児童養護施設，障害児入所施設，児童発達支援センター，情緒障害児短期治療施設または児童心理療育施設，児童自立支援施設，児童家庭支援センターなどで，通所以外に宿泊の形態もあり，そこから朝学校に向けて出発し，夕方施設に戻るという生活の拠点になっています。一部は特別支援学校に併設されることもあります。発達障害児だけでなく，虐待された子どもたちに保護的に暮らしてもらう施設もあります。昔は施設に入れることがかわいそうだという考えもありましたが，現在の施設は，子どもたちが家庭にいるのと同様の環境で暮らせるように，建物や職員さんたちの工夫がされています。

第Ⅳ部 主体を生きる子どもたち

第16章
子どもと文化
―日本列島の多様性に触れる―

　本章の主題は「子どもと文化」です。あらゆる子どもは既存の文化の中に生まれます。私たち人類は文化なしに生存できません。だから文化は空気のような存在です。つかみどころのない文化に迫るために，人間の遺伝・本能と文化の違いを2つだけあげましょう。1つ目の違いは直立二足歩行にかかわります。この歩行は遺伝と訓練のおかげです。各人の歩き方を細かく調べると時代や地域で微妙に違います。この多様性の背景がおそらく文化です。2つ目の違いは言語の習得についてです。言葉の使用も本能と訓練の賜物です。個別の言語は時代や地域に応じて多様です。例えば，漢(中国)語と日本語には共通点があっても，そのままでは通じ合えません。この通じなさが文化の多様性です。歩行でも言語でも文化は子どもに深く影響しますが，その影響は一方通行ではありません。発達した個人や集団は逆に文化を創造できます。

　本章の副題「日本列島の多様性に触れる」にも3つの注意があります。1つ目に「日本列島」と呼ぶのは「日本」の解体新書を目指すからです。私たちは「日本」の一語にいろいろな意味を込めます。その文化の一部を取り出しつつ吟味し直します。2つ目の「多様性」はこの解体作業でだんだん具体的に示されます。それで私たちの日本観が少しでも揺り動かされるかもしれません。3つ目は「触れる」という動詞です。情報化が進んだ私たちの生活ではスマートフォンやパソコンが手放せません。人間の感覚のうち視覚と聴覚の出番が増え

る一方，触覚・味覚・嗅覚の出番が減ったようです。この五感の偏りを補うためにも，本章が読み手の触角・味覚・嗅覚を刺激できたら書き手にとって成功です。

1. 日本列島の多様性に触れる

　皆さんのスマートフォンで地図アプリを開いてください。そこに「日本列島」はどう映りますか。南は東京都の南鳥島から，北は北海道の択捉島まで，西は沖縄県の与那国島から，東は北海道の択捉島までが，日本の国土と示されるでしょう。なぜならこれが日本政府の主張する自国の領土だからです。そして諸外国の多くがその主張を否定しないからです。とはいえ注意が必要です。例えば択捉島は北方領土の一部とされ，ロシアと日本とでもめています。また竹島なら韓国との間で，尖閣諸島なら中国との間で，領有権をめぐる意見が日本政府と食い違います。このスケッチでわかるように「島国」日本の国境も完璧ではないのです。これも日本列島の多様性の一面です。

　現代の国際法でいう国家は，領土・国民・主権の要件で成り立ちます。3つの要件を今の日本に当てはめると，1番目の領土について近隣諸国と解決済みとはいえません。2番目の国民は日本国籍をもつ人々で，大半は国内に住む在日日本人です。外国で暮らす日本国民も多く，海外在留邦人や在外日本人と呼ばれます。国内には日本国籍でなく外国籍をもつ住民，在留外国人や在日外国人もいます。2016年10月の総務省の調査では，日本社会の総人口は約1億2,693万人，日本国民は約1億2,502万人，長期滞在する在留外国人は約240万人です。このように日本列島の住民と日本国民はぴったり重なりません。在外日本人や在日外国人がいるからです。20世紀後半を通じてこの人口は増え続け，これからも減ることはなさそうです。

　国家の3番目の要件，主権はどうでしょう。日本国憲法は主権在民，つまり主権者を国民と定めます。国民の総意や支持のおかげで，東京都23区に首都を置く政府が機能しています。今の憲法を帝国議会と枢密院が制定したのは1946年です。同時に失効した大日本帝国憲法は，1889年に明治天皇から臣民へと公布されました。憲法を尺度にすると日本の歴史は130年ほどです。もちろん日

本列島はもっと前から物理的に存在しました。日本民族を多数派とする人々が暮らし，日本文化を主流としつつ多様性が育まれました。1860年代後半に日本国民が法的に指定され，第二次世界大戦後に主権者となりました。これで列島の多様性に触れる旅の支度が整ったようです。

2. ジェンダーをめぐる多様性

　LGBTという言葉を知っていますか。時にこう呼ばれる性的少数者たちも多様な文化を体現します。そのバラエティに触れるために，性にかかわる3つの指標を紹介しておきます。

①セックスつまり性別は，生物としての身体的な特徴を指標に，女性・男性・インターセックスなどに分けられます。
②ジェンダーは文化的・社会的な性差を指標に，女らしさ・男らしさ・その他に分けられます。
③性的志向は愛する相手の性別を指標に，同性愛・異性愛・両性愛などに分けられます。

　自明の前提とされがちなカップルは，女らしい女性と男らしい男性による異性愛のパターンです。しかし3つの指標を掛け合わせたら，それ以外のいろんな二人組がありえます。

　先ほどの性的少数者，LGBTを3つの指標で位置づけてみます。Lのレズビアンは女性の同性愛者です。Gのゲイは男性の同性愛者です。Bのバイセクシュアルは両性愛者の女性や男性です。Tのトランスジェンダーは通常の女らしさ・男らしさを超える人々です。この4つだけでは性的少数者全体をカバーしきれません。3つの指標に3つずつ区分けがあれば，一人の性の在り方は3×3×3＝27通りです。次にカップルとなると27×27＝729通りです。それほど性のリアリティは多様です。以上の事実の説明で気の早い読者は多様さの善悪を気にするでしょうか。その議論を不毛にしないためにも，まず現実を確かめるべきでしょう。

多様なジェンダーの視える化に日本政府も対応してきました。ひとつの転換点は1985年の男女雇用機会均等法で，女性が有償労働に就きやすくなりました。1999年の男女共同参画社会基本法は，あらゆる社会活動への参加を両性に促しました。2007年からワーク・ライフ・バランス（仕事と生活の調和）を掲げた施策が始まります。その理念は働き方の二極化の改善です。単純に言うと，正社員の夫と専業主婦の妻という家族が減り，共働きでも家事の負担は夫・父より妻・母に偏っています。こうして急速な少子化や労働力不足が社会問題になりました。日本列島のあちこちで性別による分業が多様化し，従来の習慣が家庭や職場の現状に合わなくなったのです。

3. 南と北に息づく多様性

　1980年代までの日本では，「わが国は単一民族国家だから」なんて発言は，居酒屋から国会まで普通でした。このセリフの前提には19世紀以降にヨーロッパから世界に拡がった国家観，国民国家の理念があります。この考え方は民族自決の原則を重んじるので，国家の三要件はこうなります。

①あるべき領土とは，国土として区切られた一定の地域です。
②あるべき国民とは，一つの民族に国籍を与えた結果です。
③あるべき主権とは，国家の統治機構（国会や内閣など）で決まります。

けれども世界の歴史や現実はこの通りではありません。事実にそわない理念を強行するといろんな無理が生じます。
　無理の一例を国民に即して考えます。人類を分ける方法に人種・民族・国民があります。

①人種は生まれつきの身体的特徴で分けます。
②民族は本人が身につけた文化で分けます。
③国民は各国の法律が与える国籍で分けます。

国民国家が目指す国民では，3つの区切りがぴたりと重なり，差別は消えて平等が実現できそうです。でもそれは見果てぬ夢かもしれません。人種からして科学的に完璧な分類ではないからです。人類はあまりに多様なので，どの特徴（例えば肌の色）を優先するかは純粋な科学で決まりません。民族も同じように複雑です。一人が複数の文化を習得する場合もあります。複数の文化が入り混じって新しい文化になる場合もあります。こうした事情で人種や民族をすっきり分類できないと，国民も一筋縄では決まりません。

(1) 琉球王国から沖縄県へ

　日本列島にも多様な文化が息づいています。大日本帝国にも当初から「異域」がありました。わかりやすい例が沖縄県と北海道です。15世紀以来の琉球王国は1870年代の琉球処分で沖縄県にされました。その背景は日本と清国の国境争いです。やがて第二次世界大戦と米軍統治を経て，1972年の沖縄返還でこの島々は祖国復帰を果たします。しかし今でも教育の現場で，沖縄県民と日本政府・本州住民で意見が割れたりします。例えば国語科教育で沖縄方言をどう扱うか。方言を貶めた昔から地域文化の尊重へと時代は変わりました。また社会科教科書で1945年の沖縄戦をどう書くか。「集団自決」の記述をめぐって裁判も起きました。歴史教科書論争は中国や韓国との間だけでなく，日本列島の内側でも起こるのです。

　歴史や教育以外でも「沖縄らしさ」を感じる事例は尽きません。ここでは琉球國祭り太鼓を紹介します。沖縄本島の伝統芸能であるエイサーに，空手の型を取り入れた創作太鼓を，1982年に沖縄市の若者たちが立ち上げました。その活躍は県内で盛り上がり，移民を送り出したネットワークに乗って，日本の本州や南北アメリカの各地に支部が設立されました。伝統的でローカルだった芸能が先進的でグローバルに演出されたのです。その活動は地域と世界をつなぐ回路になっています。30年以上の歩みはグローカル化，つまりグローバル化とローカル化を組み合わせた出来事です。人間や情報の流通が拡大し加速することで，新たにグローカルな文化が創造されたわけです。

(2) アイヌモシリから北海道へ

　最近の考古学ではアイヌ文化は13世紀に北海道で成立しました。その文化を担ったアイヌ民族は自らの暮らす北海道周辺をアイヌモシリと呼びました。江戸時代の日本人（和人）はこれを蝦夷地と名付け，1869年に明治政府は北海道に改称します。その背景はロシアとの国境争いです。先住民族アイヌは土地の所有権をほぼ奪われ，1899年の北海道旧土人保護法で和人への同化を強いられます。意外にもこの法律はほぼ一世紀後に国際的な関心を集めます。国際連合が1993年を「国際先住民族年」と決めたからです。国内での制定運動を受けて1997年に「アイヌ文化振興法」が成立しました。それでも2013年の北海道のアイヌ生活実態調査によると，アイヌの世帯は経済的収入や大学進学率が全体の平均より低いのです。教育に期待される役割はこの格差の解消とともに，和人への人権啓発や当事者による文化振興でしょう。

　歴史や社会とは違う視点，大衆文化（ポップカルチャー）では「クールジャパン」を象徴するマンガがあります。野田サトルの『ゴールデンカムイ』（集英社，2014年～）は週刊誌に連載中です。タイトルからして多文化的で，ゴールデンは英語で金，カムイはアイヌ語で神，その2つが片仮名で表記されます。専門家による監修のおかげでアイヌ語の量と質はかなりのレベルです。作中の興味深い場面を2つ紹介しましょう。1つ目はオソマ（うんこ）という名前の子どもです。伝統的な慣習では，赤ん坊に病魔が近寄らないように汚い名前をつけました。子どもを思う親心は普遍的でもその表し方は多様です。2つ目は味覚つまり料理へのこだわりです。エゾリスのチタタプ（包丁で叩いた挽肉）や，プクサ（行者にんにく）入りのユクオハゥ（蝦夷鹿の鍋）が登場します。かたや，主人公のアイヌの少女は和風の味噌のおいしさに感動します。

4. 新旧外国人がもたらす多様性

(1) オールドカマーの成り立ち

　列島の文化が多様なように定住外国人の歴史も古いのです。オールドカマーとニューカマーに分けて説明しましょう。オールドカマーの祖先は第二次世界大戦頃までに来日し，その多くはコリアン（朝鮮籍・韓国籍）やチャイニーズ

(中国籍・台湾籍)です。この人々は大日本帝国が産んだ歴史の証人であり,「単一民族国家」の建前の反例でもあります。日本国籍を取得する「帰化」が増える一方,元の国籍や民族のアイデンティティを保つ人々も多いのです。若い世代の多くが学校教育法第一条の公立学校,つまり幼稚園・小学校・中学校などに通っています。民族学校やインターナショナルスクールに通う場合もあります。これらの学校は法的に各種学校とされ,財政援助や大学受験資格などで不利な場合もあります。日本国籍をもつ子どもが主流の学校で,オールドカマーの教育がどう行われてきたか,その経験と反省はニューカマーへの教育に生かせます。

　在日コリアンの生活世界に触れるには,新井英一『清河(チョンハー)への道〜48番』を聴くのがお勧めです。1995年に発表されたこの曲は,在日コリアンとともに日本国民にも多くのファンを獲得しました。新井は1950年に在日一世を父に,在日二世を母に生まれました。長大な一曲は彼の半生を日本語で語りつつ,ブルース・ロック・ジャズ・朝鮮民謡と曲調を変えていきます。多様な文化が入り混じるクレオール音楽です。新井自身の立場も移り変わります。生い立ちはまず在日朝鮮人,アメリカに渡ると在米朝鮮人,日本に戻ると在日朝鮮人,日本国籍を取って朝鮮系日本人という具合です。最後の「朝鮮系」に彼の新しさがあります。国籍を変えても自らのルーツを宣言する彼にとって,新井はもはや通名を越えて本名です。

(2) グローバル化とニューカマー

　ニューカマーは1990年代以降に定住している外国人です。バブル景気の1990年頃に国内の産業界は人手不足に悩んでいました。それを解消すべく入国管理のルールを緩め,南米などから日系外国人を受け入れたのです。親世代の出稼ぎが長引くと子どもが一緒に暮らし始めます。第二次世界大戦後から半世紀ぶりに,日本列島は異質な住民を大量に受け入れたのです。この新しい国際化は地域にある保育所や学校の当たり前を改めて揺さぶりました。つまり生まれたときから日本国籍をもち,自他ともに日本人であると疑わず,おそらく卒業後も日本で生きていく。この常識的な前提が通用しない子どもたちの出現です。

　この二世たちの多くは日本国籍をもちません。日本語などの日本文化を習得

していない子どもも多いのです。将来は日本と祖国（例えばブラジル）のどちらで暮らすか，見通しが決まらないのもごく普通でした。なぜなら，子どもの進路の選択は家庭の事情や国際経済の動向に左右されるからです。東海地方や群馬県などニューカマーの多い地域では，1990年代に外国人学校がかなり設立されました。その後に日本の不況のあおりで閉校となった例も少なくありません。遅まきながら対策を練り直すには，文部科学省や学校現場と，送り出し国の政府や保護者との協力が必須です。沖縄県民・アイヌ民族・オールドカマーとかかわった経験から，日本政府や日本人が学ぶべきでしょう。

　もっと具体的に考えましょう。日本で語られる教育の国際化では，大学などで留学生が行き来するイメージが強そうです。しかし現実のグローバル化は地域の保育所に及びます。1990年代の愛知県で南米の日系人労働者が集まる団地で，地元の保育所が乳幼児を受け入れました。悩みのひとつが保護者とのコミュニケーションでした。保護者の多くは日本語が通用せず，ポルトガル語やスペイン語ができる保育士はまれでした。本来なら外国人を受け入れる前に外国語に堪能な保育士を養成すべきでした。子どもと文化の今後を考えるとこうした苦労からの教訓は貴重です。

5．言葉から読み取る多様性

(1) 国語から日本語へ

　「国語」という単語から何を連想しますか。やはり小学校から始まる国語科の授業でしょうか。じつは日本の法律に公用語・国語を日本語と定めた条文はありません。あくまで既成の事実を後追いすることで，日本語が主流とされています。そこで教科名を国語から日本語に言い換えると，おそらく私たちの印象も変わります。国家が正式に採用した規範というより，列島で最も流通している手段，の意味合いが強まります。もし日本語という授業に代われば，民族の伝統や国民の教養である古典は教科書から削られそうです。具体的には古文の『源氏物語』や漢文の『論語』，夏目漱石や森鴎外も危うい立場です。代わりに実用的で現代的な教材が増えそうです。例えば日常的な会話や討論，仕事向けの文書作成のほうが未来の世代に有益でしょう。

ただしこの提案には反論が出ます。国文学者や国語学者の一部は「正しい標準語」を守ろうと主張します。しかし正しさのルールを決めて守らせるのは大変です。1934年から2001年まで文部省にあった国語審議会の歩みにも、その統制の難しさが読み取れます。もし伝統や教養としての日本語を維持したいなら、私たちは「言葉の乱れ」や「外来語の連発」を禁じるべきです。ただし情報化やグローバル化に対抗するのは至難です。逆にもし日本語の国際化を目指すなら、私たちは習得のハードルを下げるべきです。第一言語（最初に習得した言葉）が日本語でない人が学ぶには、大目にみるほうが便利だからです。どちらの作戦が勝るかの選択は私たちに任されています。

(2) 「ろう文化」としての手話

　1996年に「ろう文化宣言」という文章が発表されました。この一文は文化の多様性を障がい者の立場から訴えました。つまり英語や朝鮮（韓国）語のような独立した言語として、日本手話を認めるべきだというのです。ここでいう手話は聴覚障がい者が仕方なく使う劣った手段ではありません。「健聴者」が話す音声言語と同じだけの価値を手話はもつのです。この発想の転換はろうの再定義につながります。もはや耳が聴こえないからろうではありません。逆にろうであるとは手話が使えることです。聴覚障がいがあっても手話ができなければろう者でないのです。反対に健聴者でも手話が使えるならろう者になります。「できないこと」に代えて「できること」でろうを定義する。この逆転のおかげで手話というろう文化の価値が再発見されました。

　手話を音声言語と同等に評価することはろう文化の尊重につながります。全日本ろうあ連盟による手話言語法の制定運動は、基本的にこの価値観を引き継いでいます。日本手話言語法案には、政府の「障害者基本計画」による手話の言語活動と文化振興が謳われています。手話を獲得・習得・使用する権利をろう者に保障し、手話通訳制度を充実することは、国や自治体の責務になります。2017年4月の時点で13府県を含む97の地方自治体で手話言語条例が成立しています。その動きは2020年の東京パラリンピックまで強まるでしょう。日本列島の文化の多様性は、第二言語としての日本語の教育や、耳と口でなく目と手による手話の分野でも承認されつつあります。

6. おわりに

　「子どもと文化—日本列島の多様性に触れる—」と題した旅ももう終わりです。簡単に復習すると，第一に領土・国民・主権という要件で島々をスケッチしました。日本も空間と時間の中で揺れています。第二に性の在り方から文化の多様性を描きました。それに合わせて職場や家庭も変化しています。第三に沖縄県と北海道の多様性に触れました。日本列島は明治初期から多文化社会でした。第四に新旧外国人の多様性に触れました。この人々はグローバル化の教訓を私たちに与える存在です。第五に国語の位置づけを振り返り，手話の文化的価値を見直しました。言語の多様性が再び発掘されています。以上で子どもが育つ環境となる列島の多様性を実感できたでしょうか。

Column16
日本の多文化教育のこれから

　「多文化」とは1つの空間に複数の文化が成り立っている状況です。この定義の要点は2つです。第一の要点は1つの空間の切り取り方です。その単位は，小は個人の内面から，大は人類全体まで設定できます。現代では国家が主要な単位とされるので，カナダやオーストラリアのように，複数の文化がひしめく国が多文化主義の先駆けになりました。しかし現代の情報空間はすでに国境を越えています。第二の要点は文化を分ける境界線の引き方です。例えば「日本文化」を過不足なく他文化から切り離すのは無茶でしょう。いかにも日本らしい和菓子や能狂言もルーツの一部は古代の中国から来ました。由緒正しい和菓子や能狂言も数世紀にわたって不変ではありません。「国民食」のようなあんパンも，江戸以前から人気のあんこと明治以降に流行ったパンの融合です。つまり文化という生きものは絶えず開放され流動しています。

　多文化から一歩進んだ「多文化教育」には新しい論点が現れます。単純に区別すると多文化は記述すべき特徴です。文化人類学は文化が多様である事実を報告します。その根っこには文化の豊かさを後押しする発想があります。さらに教育学には事実の報告に加えて，「こんな教育をしよう」という思惑がつきものです。教育学の始まりは歴史的にも論理的にも「あるべき論」に近いのです。こうして多文化は多くの学問が議論する舞台になります。この事情に目配りしない多文化教育論は，視野が狭くて見落としが多いままです。

　日本列島の今後を想像すると大きな論点は移民受け入れの是非です。今の住民は多数派の日本人，アイヌ・琉球の先住民族，東アジアからのオールドカマー，多様なニューカマーなどの集合です。もし日本が少子化対策で移民を受け入れると，国籍付与の原則が争点となります。外国人労働者を受け入れた現在まで，日本国籍は属人主義（血統主義）で付与されています。どちらかの親に日本国籍があれば子に国籍を認めます。逆に属地主義（生地主義）なら日本国内で生まれた子に国籍を認めます。そうなると移民二世に国籍が付与されます。もし日本の国籍法を生地主義に切り替えたら，身体も文化も「日本人らしくない」日本国民が増え，保育所から大学までで多文化教育が進むでしょう。しかし今の地球では「移民反対，自国第一」の声が目立ちます。

終 章
保育・教育の専門家になるために
―実践知と専門性―

　これまで,乳幼児・児童の発達と保育・教育について考えてきました。しかし,保育・教育の内容やその専門的な知識や技術をもっているだけでは,実践にはつながりません。実践は,子どもと信頼関係を結び,その気持ちを受け止めながら様々なことへの興味や関心を高め,積極的に物事や周りとかかわって遊び学ぶとともに,子ども時代を生き生きと過ごすことができるようにするという「人としての育ち」を見据え,子どもとかかわる様々な局面で,保育者・教師が自分自身の特性や資質を活かし,子どもに向かう構えや専門的な知識・技術を実践する人間技が必要です。その始まりは保育実習・教育実習ということになりますが,それだけではなく,スクールサポーターやボランティア等を通して,できるだけ子どもたちとかかわる機会を自分から求め,また,実際に保育者や教師になってからもキャリアアップを図っていくことが求められます。それは,保育者や教師になってからも重要なことです。
　ここでは,キャリアアップしていくための保育者・教師の専門性と実践知について考えます。

1. 経験と実践知

　保育・教育に長年携わり,子どもとのかかわりや指導のうまい先生のことを,

私たちは「ベテランの先生」と呼びます。そうした先生は，長年の経験を通して培った「技」と実践に対する知恵，いわゆる「実践知」をもっています。

実践知とは，①個人の実践経験によって獲得されたもの，②仕事において目標志向的であること，③仕事の手順や手続きにかかわるもの，④実践場面で役立つもの，を指します（Sternberg et al., 2000）。それは，保育・教育にかかわらず，様々な領域で専門家として従事しているベテランといわれる人にも当てはまります。自分が直面した問題を認識し，その課題解決に向けて計画を立て，分析・比較・評価しながら次の手立てを予測し，実践する力をもっている人のことです。

こうした実践知は，経験を積み重ねる中で身についてくるものもありますが，経験の積み重ねが「実践知」になるわけではありません。「実践知」には積み重ねた経験によって培われた直観と暗黙知があります。それが，専門的な知識や技術が理論によって体系化され，様々な状況に対して明確な課題や目標をもって，事態の解決に向けた見通しをつくり，適切に対応できる裁量を「専門性」といいます。さらに，その専門性には，社会的使命と責任が伴っています。

2. 専門的技術的裁量性

(1) 求められる保育者・教師の専門性と実践の質の向上

これからの時代の保育・教育は，子どもの保育・教育を保護者とともに考え，地域とのつながりの中で多様な実践を展開していくことが求められています。また，多様性の求められる実践の質をいかに高めるか，実践者の専門性やその力量が問われています。

保育・教育の実践は，子どもの主体性を重視しつつ，子どもの状況や発達課題を見据えて目標をもち，計画的になされるものです。そして，実践後の振り返りを通して，その成果と課題を見出し，その後の実践に生かしていくという営みです。それを，P（plan：計画），D（do：実践），C（check：振り返り），A（action：評価と改善）といいますが，自らの実践を振り返って言語化し，その実践の根拠や成果を問い直していくこと（PDCAサイクルの確立）です。そうした循環を丁寧に繰り返すことで，実践の質と専門性を高めることができ

ます。

(2) 専門的な裁量性とその基盤

　保育・教育の実践は，指導する側の計画をそのまま行うことではなく，日常生活の中で展開される子どもとの平等な関係性の中で，「育成」することと「ともに」「支えあう」ことを基盤に展開されます。子どもとの出会いとかかわりの過程を通して，そこに子どもの課題をいかに捉え，求められる援助や指導・支援をいかにその関係の中で実現していくか，保育・教育に関する専門的な知識・技術だけでなく，関係を構築する人間力が必要です。つまり，スキルを有するだけでは，熟達者とはいえません（楠見，2012）。

　専門的な技術とは，タスクパフォーマンス（課題達成）とそのタスク遂行（課題遂行）を支えるテクニカル・スキルを指します。つまり，目標設定に対する達成度を高めるものです。パフォーマンス度を高めるには，経験から獲得され，構造化したスキルや経験による知恵という，実践をタスク管理し，他者管理・自己管理を暗黙知でなしていくマネジメント力が必要です。

　一方，人間力とは，人間関係の維持発展を支えるヒューマン・スキルを指します。たとえば，「腕前を上げる」というように物事を行うための一定の方法や手段・技芸・技術，一定の型に基づく動作が，訓練によって身につけた能力や特定の仕事に応用した実践的な方法または技巧など，いわば「人間技」です。

　つまり，専門的裁量性とは，専門的スキルと身体性（技）の両方が身につき，自分なりにそれらを采配して現実に適応していく力量ということができます。

(3) 実践の熟達

　また，実践には，自分自身が描いた心のモデルを実際の場で適応的な形で実現できる臨機応変な対応力が求められます。これは，経験を積み重ねることである程度鍛えることができます。しかし，「技術」と「技」のパフォーマンス度を高めるには，自分が専門的な知識と技術を身につけると同時に，自身の人間力（対人関係構築力）を用いて知識・技術を実践に活かす「技」を編み出すという「身体の技化」（齋藤，1997）を考える必要があります。

　子どもと出会い，互いの「あいだ」に新しい意味が生まれるような関係づく

りを意識しながら，子どもも，保育者・教師も，それぞれにそれぞれのアイデンティティの形成を促す場をつくる「構え」が必要です。子どもとの関係の中で生き，その関係の中で保育・教育と自分の在り方，子どもの思いを考えようとする，子どもとともにある自分の自覚と意識をもつことです。

　もうひとつ大切なことは，自分自身を第三者の目で見る目をもち，自己評価できることです。いま自分がどのような能力をもち，どの程度パフォーマンスを遂行できるか，第三の目を通して自ら評価する力と，内省して自覚的に変容していくことができる構え（小嶋，2018）です。それのためには，実践記録をかき，自分の実践を言葉にする作業を通して，あるべき方向と現実に「むかう」構えを，自己内対話を通して内省することが重要になります（勝浦，2016）。

　次の事例は，学生Mさんの実践記録です。Mさんは，実習で小学1年生のCのことがとても気になりました。Cは，自閉症とAD/HDの重複発達障害をもっていました。Mさんは，はじめはCを受け止めるのに精いっぱいでしたが，担任の先生や加配の先生のCとかかわる姿を見て，自分も自分なりにかかわってみようと思うようになったそうです。

【実践記録のエピソード】
　中間休みが終わり，次の時間は体育であるため，Cは体操服に着替えなければならない。しかし，やっていた遊びを終わらせることができず，なかなか着替えられない。そのうち，Cは私の横でパズルを始める。私はすぐにCに声をかけるのではなく，まずは見守ることにした。そして，Cがパズルのピースを手に取ったタイミングで，私はそのピースを指さしながら，「これをはめたら着替えておいで」と声をかけてみた。しかし，私はCに両手で背中を押されてしまう。イヤという意思表示だったのだろうと思う。まだパズルをやりたかったのかもしれない。ところがしばらくすると，Cは自分からその場にいた加配の先生のところに向かい，体操服に着替えはじめる。私の声かけは無駄ではなかったのかなと思ったが，もっと具体的にわかりやすい声かけができればよかったかなとも反省した。

（勝浦，2016より）

MさんがCのことが気になった理由は，実は，Mさんの弟が障害をもっていて，幼い頃から面倒を見てきたという背景がありました。Cの気持ちを肯定的に受け止め，それに寄り添おうとする姿があります。加配の先生のほうに行ったCの行動から，もっとわかりやすく具体的にかかわる必要があったのではないかと内省し，その一方で自分の行為が無駄ではなかったとCの行為を肯定的に捉え，自分自身のことを評価しています。そこには，子どもの気持ちを受け止めることと，先生として振る舞うことの間で揺れる姿があります。こうした葛藤を振り返り，あるべき姿（体育の準備）と現実（もっと遊びたい）のはざまで，子どもの「いま」，先生の「今」を肯定的に解釈し，次に向けた自己選択と自己決定を見出していく姿です。

　このように，実践の中では，子どもとの関係の中で揺れながら葛藤し，適応的に自己決定をしなければならないことが多々あります。それが実践することと言っても過言ではありません。想定しにくい現実の中で，「子どもと私」の関係の在り方を振り返りながら，子どもの行為の意味と自分自身の行為の意味，子どもとのかかわりの妥当性と根拠を問い直し，専門的な知識や技術を活かして，それを乗り越える方法を見出していく作業が大切です。

3.「技」を「技化」する基盤：「間主観性」と「親密性」

　このように，実践者として「自分自身を磨く」ということは，知識や技術を身につけることだけでなく，自己身体を他者の心と向き合う構えをつくる必要があります。養成の場では，対人援助技術やカウンセリング的人間関係の構築など，様々な講義が展開されているのも，そうしたことの重要さがあるからです。むろん，養成の場では，子どもや保護者が抱える課題への解決手法として学ぶのですが，それは，実践を志す人の構えにも通じるものがあります。

(1) 身体性の意味

　ところで，身体とは何でしょう。私たちが目にできる身体は，肉体ですが，それには感覚・運動が備わっており，単に肉の塊を超えた機能を有しています。身体論研究者の市川（1992）は，身体について次のように述べています。

単に皮膚の内側に閉じ込められた「物質」としての「肉（み）」ではなく，皮膚の外まで拡がり，世界の事物と交わるものである。客体的な「身体」と，「身体」を原点として意味づけされた空間の中で，世界の事物と交わりながら社会的に生きている主体のありかとしての「身体」とをうまく統合的に表す概念である。世界は客観性をもって存在するのではなく，それぞれの主体性が絡み合って自分と他人の間の共同世界として成立するものである。自己と他者は「身体」によって根源的に結びついている。根源的な間主観性とは，「間身体性」にほかならない。

「間主観性」「間身体性」，ちょっと難しい聞きなれない言葉ですね。身体は，他者に開かれており（実際私たちの眼や手足は前向きについており，他者に向けて開かれています）。身体の運動や感覚を通して周りを感受しながら向き合い，人とつながるという，「あなたと私」の関係をつくる（間主観性）ツールだということです。身体を向き合わせ，視線を合わせ，感情を共有することで，ヒューマン・コミュニケーションの場が生まれます。そうした些細な交わりが，関係づくりの基本になります。

(2) 安心感と信頼感，親密性

しかしながら身体が他者に向かって開かれるには，そこに安心感と信頼感がなければうまくいきません。保育・教育において安心感と信頼関係が重要なのは，コミュニケーションの基盤を形成するからです。子どもの安心感や信頼感は，その対象となる人（親，先生や友達）との間に形成されるものであり，それは，その人とつながり，親密な関係になる契機になります。こうした中で培われる親密性は，周りとの関係性を構築する基盤となります。子どもにとって，人との関係だけでなく自分自身との関係も含めて，開かれた拠点をもつことに通じます。また保育者・教師のほうも，子どもの気持ちを感受し，関係を構築する「身体的構え」の基盤として親密性をもつことが重要といえるでしょう。親密性は，単に親しくするだけでなく，周りを自分の中に引き込む開放性と柔軟性を意味し，技術が「技」になり「技化」される過程をつなぐパイプともいえます。

(3) 身体の技化の基盤:「親密性」

戦後の日本の保育の基盤をつくった倉橋は,保育について,次のように述べています。

> (保育の)方法というと,往々にして,仕方,法則,方策といったふうのかたになりやすいが,就学前教育の場合,心もちの伴わないかたは,決して生きたものにならない。幼児は常に心もちに生くると共に心もちを求める。…心もちは味である。就学前教育はその意味において味の教育である。心もちは感じである。その意味において感じの教育である。…すなわち,これらの方法特性がいつでも合理的である上に心もちの裡に行われていることを忘れてはならぬ(倉橋, 1965, pp.436-437.)。

保育・教育の実践の中に投入される知識や技術を,子どもや保護者(他者)との出会いを通して感受される「感じ」を享受し,それを受容し共感する体感をもって共同主観的世界を構築していくことを,「合理的である(技術)上に,心もちの裡(感じ)に行われる」ように,保育者・教師の身体が技化されることを再考する必要があります。保育・教育における「技」とは,他者とのかかわりを通して,「身体=技術」に「感じ」が投入され,協同主観的世界を構築する力ということができるのではないでしょうか。蛇足になりますが,保育者を対象に行った調査では,親密性の高い保育者は,保育に前向きであり,職場の人間関係や保護者との関係のストレスが少なく,研修等を通して自己変容する度合いが高かったという報告もあります(寺見,2016)。親密性は,保育・教育するうえで起こるストレスも軽減してくれるようです。

4. 反省的実践家

「反省的実践家」とは,ショーン(1983/2001)が保育・教育のような人間現象を対象とした専門家の指して称した言葉です。「反省的実践(reflective practice)」とは,行為が行われている最中にも「意識」はそれらの出来事をモニターするという「反省的洞察」を行っており,そのことが行為そのものの効果

を支えているという意味です。つまり,「行為しながら考える」ということです。実践後に出来事の意味を振り返る「行為後の省察」や,実践の事実を対象化して検討する「行為についての省察」のことです。これまで述べてきたように,そこには「状況との対話」と同時に,「自己との対話」が展開されるという二重の思考が含まれています。つまり,記録をかく行為の中には,実践の省察だけでなく,保育者自身の自己理解と自己省察も同時に見えてくるものです。

　実践を記録したり省察したりする過程で,ともすると保育・教育のあるべき姿にとらわれ,それを暗黙裡に了解した記録や省察をしてしまいがちになります。あるべき姿を前提とした記録や省察は,どうしても保育者自身が現実を蚊帳の外から眺めている感じになってしまい,思索することにつながりません。冒頭にも述べましたように,保育・教育は,子どもと保護者と保育者・教師が出会い,かかわり合う中で紡ぎ出される人間関係の現象です。その現象を読み解き,そこに参与している人々の心の中や他者との交わりの中で経験されている,隠れたそれぞれの自己変化を読み取っていくことで,保育・教育の質を高めるだけでなく,保育者・教師自身の成長も促されていくのです。

5. おわりに

　保育・教育は,子どもを育てる仕事です。専門的な知識や卓越した技術は,その育ちをより豊かなものにするための方法です。いちばん大切なことは,子どもの気持ちを理解し,それに沿いながら,それぞれの子どもの意欲と自己実現することの面白さや達成感,満足感を十分に味わい,そして,できる自分への自信と自尊心を高めていくことです。子ども時代を堪能することです。それは,保育者や教師も,保育・教育する者として自分を受容し,肯定的に自分を生きることに自信と誇りをもつことにほかなりません。

結びにかえて

雨ニモマケズ　風ニモマケズ
雪ニモ夏ノ暑サニモマケヌ　丈夫ナ体ヲモチ………

　これは，宮沢賢治の有名な詩の始まりです。
　宮沢賢治は，農学校の先生でした。賢治の目標は，科学的な農法を農家に伝番し，啓蒙することでした。彼自身，農学を学んでいたので，農学校でも，科学と生物の授業を教えていました。彼の教師生活はたった5年でしたが，そのときの天才ぶりが，語りつがれています。教え子へのインタビューによると，賢治は，教科書の隅から隅まできちんと教えてくれる先生とは対照的に，教科書をほとんど持ってこず，実際の生活につなげた話をして，そのあと板書しながら黒板にまとめてくれたといいます。そして，教え子たちは共通して「起こったことが，目の前に見えるように話してくれた」と言います。とてもわかりやすく，忘れようがない。多くの教え子は，今でも内容を覚えているといいます（畑山　博『教師　宮沢賢治のしごと』1988年　小学館）。
　賢治は，教えることと子どもが好きでした。教えることに感動をもっていました。ですから，音楽や演劇の指導にも力を入れていました。そんな賢治が残した最後の言葉は，「教育は芸術なり」です。教育は，教師が子どもとともに作り出す創造活動であるということです。
　時代がどのように変化しようとも，変わらないものは変わりません。これまでの歴史の中で積み重ねられてきた保育・教育の実践の原点やその基本は，先生と子どもの，子どもの同士の人間関係が紡ぎ出す人間現象にあります。知識や技術にこだわることなく，子どもと出会い，かかわり合い，本質を見極めて，「子どもによる，子どものための，子どもの保育・教育」を，時代の流れに翻弄されることなく，模索し続けたいものです。

執筆者一同に代わって
寺見陽子

引用・参考文献

■第1章

青木久子・河邉貴子　2015　遊びのフォークロア　幼児教育の知の探究8　萌文書林

ボールビィ，J.（著）　1969／倉田実郎ら（訳）　1979　母子関係の理論　愛着行動　岩崎学術出版

エリクソン，E. H.（著）　1950／仁科弥生（訳）　1981　幼児期と社会Ⅱ　みすず書房

原陽一郎　2009　情動的コミュニケーションと基本的信頼感―乳児と人のかかわり　寺見陽子（編）子どもの心の育ちと人間関係　保育出版

倉橋惣三　1965　育ての心　倉橋惣三第2巻　フレーベル館

ピアジェ，J.・イネルデ，B.（著）1966／波多野完治・須賀哲夫・周郷　博（訳）1981　新しい児童心理学　白水社

ポルトマン，A.（著）　1951／高木正孝（訳）　1972　人間はどこまで動物か　岩波新書

津守　真　1987　子ども世界をどう見るか　NHKブックス

寺見陽子（編）　2008　乳幼児保育の理論と実際　ミネルヴァ書房

寺見陽子（編）　2011　子育ち・子育て支援学　保育出版

寺見陽子・竹元惠子・及川裕子・松島　京・寺村ゆかの・伊藤　篤　2016　養育性の育成支援のあり方に関する考察―親子関係と育児の実態から　神戸大学大学院人間発達環境科学研究科研究紀要，8（2），137-149.

寺見陽子・西垣吉之　1998　子どもの内なるイメージと保育者の役割　神戸親和女子大学児教育専攻科紀要，3，17-26.

ワロン，H.（著）　1959／浜田寿美男（編訳）　1983　身体・自我・社会　ミネルヴァ書房

■第2章

文部科学省　2008　幼稚園教育要領解説　平成20年10月

文部科学省　2016a　幼児教育部会における取りまとめ（案）　教育課程部会・教育課程企画特別部会　配布資料　平成28年7月

文部科学省　2016b　幼稚園，小学校，中学校，高等学校及び特別支援学校の学習指導要領等の改善と必要な方策等について　中央教育審議会教育課程部会答申　平成28年12月

■第3章

泉　秀生・前橋　明　2010　幼児の生活実態に関する一考察―保育園児の朝食欠食と生活要因の関連　運動・健康教育研究，18（1），18-22.

木塚朝博　2010　見ながら動き考えながら動く　子どもと発育発達，7（4），232-233.

倉真智子　2014　子どもと健康　勝木洋子（編）　みらい
倉真智子　2016　子どもが育つ運動遊び　みらい
文部科学省　2012　幼児期運動指針
Scammon, R, E. 1930 The measurement of the body in childhood, In J. A. Harris, C. M. Jackson, D. G. Paterson, & R. E. Scammon（Eds.）, *The measurement of man*. University. of Minnesota Press, Minneapolis.

●Column 3
泉　秀夫・前橋　明　2010　幼児の生活実態に関する一考察―保育園児の朝食欠食と生活要因の関連　運動・健康教育研究，18（1），18-22.

■第4章
ベイトソン，G.（著）　1972／佐伯泰樹・佐藤良明・高橋和久（訳）　1986　精神の生態学（上）　思索社
カイヨワ，R.（著）　1958／多田道太郎・塚崎幹夫（訳）　1990　遊びと人間　講談社
エリス，M. J.（著）　1973／森　楙・大塚忠剛・田中亨胤（訳）　2000　人間はなぜ遊ぶか―遊びの総合理論　黎明書房
福田アジオ　1993　民俗学と子ども研究―その学史的素描　国立歴史民俗博物館研究報告（54）
ホイジンガ，J.（著）　1938／高橋英夫（訳）　1973　ホモ・ルーデンス　中央公論新社
森　洋子　1981　ブリューゲルの「子供の遊戯」（1）―作品成立の背景　幼児の教育80（5）
中沢新一　2004　ポケットの中の野生―ポケモンと子ども　新潮社
柳田国男　1976　こども風土記・母の手鞠歌　岩波書店

■第5章
厚生労働省　2007　要保護児童対策地域協議会スタートアップマニュアル
厚生労働省　2017a　保育所保育指針解説書
厚生労働省　2017b　児童相談所運営指針
厚生労働省　2017c　市町村子ども家庭支援指針
厚生労働省　2017d　子ども・子育て支援「地域子育て支援拠点事業とは」
内閣府　2017　子ども子育て新制度なるほどbook　平成27年度10月改訂版

■第6章
文部科学省　2017幼稚園教育要領
文部科学省　2008小学校学習指導要領解説　音楽編
フースラー，F.・ロッド＝マーリング，Y.（著）　1965／須永義雄・大熊文子（訳）　1987　うたうこ

と　発声器官の肉体的特質＝歌声の秘密を解くかぎ　音楽之友社
今川恭子・志民一成　2016　幼稚園教諭・保育士・小学校教諭養成課程用　音楽を学ぶということ―これから音楽を教える・学ぶ人のために　教育芸術社
佐々木正利　1993　教員養成大学における発声指導の基本理念と方法―呼吸法と声帯振動の理論を背景とした実践への提言　岩手大学教育学部研究年報，53（1），137-155.

■第7章

Carothers, T., & Gardner, H. 1979 When children's drawings become art: The emergence of aesthetic production and perception. *Developmental Psychology*, 15（5），570-580.
エマリング，R.　2006　ポロック　TASCHEN
巖谷國士　1996　シュルレアリスムとは何か　メタローグ
花篤實他（監修）　2017a　ずがこうさく1・2上下　日本文教出版
花篤實他（監修）　2017b　図画工作3・4上下　日本文教出版
花篤實他（監修）　2017c　図画工作5・6上下　日本文教出版

■第8章

平野朝久　2013　続・はじめに子どもありき　学芸図書
文部科学省　1989　明石附小プラン89　総合学習の探求と実践　神戸大学教育学部附属明石小学校研究会　ぎょうせい
文部科学省　1999　小学校学習指導要領解説　生活編　平成11年
文部科学省　2008　小学校学習指導要領解説　生活編　平成20年
文部省　1989　小学校指導書　生活編　平成元年

■第9章

文部科学省　2008　小学校学習指導要領解説　国語科編　大日本図書
文部科学省　2017　小学校学習指導要領（案）
　　http://www.mext.go.jp/b_menu/shingi/chousa/shisetu/044/attach/1397089.htm（2017年8月25日閲覧）
大石正廣　2000　ものの見方・感じ方に着目した単元づくり―豊かな情報の受け手・送り手の育成　国語教育探究，10，18-33.

■第10章

科学技術振興機構理科教育支援センター・国立教育政策研究所教育課程研究センター　2009　平成20年度　小学校理科教育実態調査及び中学校理科教師実態調査に関する報告書

国立教育政策研究所　2012　平成24年度　全国学力・学習状況調査
国立教育政策研究所教育課程研究センター　2011　評価基準の作成，評価方法などの工夫改善のための参考資料（小学校　理科）　教育出版
文部科学省　2008　小学校学習指導要領解説　理科編　大日本図書

■第11章
河村茂雄　2017　アクティブラーニングを成功させる学級づくり―「自ら学ぶ力」を着実に高める学習環境づくりとは　誠信書房
岸　俊彦　2004　対話のある授業　教育カウンセラー標準テキスト初級編　図書文化
　　http://www.nhk.or.jp/kaisetsu-blog/100/259784.html（2017年4月17日閲覧）
文部科学省　2014　中央教育審議会初等中等教育おける教育課程の基準等の在り方について（諮問）文科初第852号
　　http://www.mext.go.jp/b_menu/shingi/chukyo/chukyo0/toushin/1353440.htm（2017年4月16日閲覧）
文部科学省　2015　教育課程企画特別部会における論点整理について（報告）
文部科学省　2016a　中央教育審議会教育課程部会　教育課程企画特別部会　資料2－1「次期学習指導要領等に向けたこれまでの審議のまとめ（案）」
文部科学省　2016b　中央教育審議会教育課程部会　教育課程企画特別部会（第19回）配付資料（p.2）
　　http://www.mext.go.jp/b_menu/shingi/chukyo/chukyo3/053/siryo/1375316.htm（2017年4月16日閲覧）
文部科学省　2016c　中央教育審議会教育課程部会総則・評価特別部会資料1（p.1）
　　http://www.mext.go.jp/component/b_menu/shingi/toushin/__icsFiles/afieldfile/2017/01/20/1380902_4_1_1.pdf（2017年4月16日閲覧）
文部科学省　2016d　中央教育審議会答申　幼稚園，小学校，中学校，高等学校及び特別支援学校の学習指導要領等の改善及び必要な方策等について（答申）
　　http://www.mext.go.jp/b_menu/shingi/chukyo/chukyo0/toushin/__icsFiles/afieldfile/2017/01/10/1380902_0.pdf（2017年4月16日閲覧）
文部科学省　2016e　中央教育審議会答申　幼稚園，小学校，中学校，高等学校及び特別支援学校の学習指導要領等の改善及び必要な方策等について（答申）（概要）（p.8）
　　http://www.mext.go.jp/component/b_menu/shingi/toushin/__icsFiles/afieldfile/2016/12/27/1380902_1.pdf（2017年4月16日閲覧）
文部科学省　2016f　次期学習指導要領等に関するこれまでの審議のまとめ　補足資料（p.22）
文部科学省　2017a　小学校学習指導要領（p.30）
文部科学省　2017b　小学校学習指導要領（案）
　　http://www.mext.go.jp/b_menu/shingi/chousa/shisetu/044/attach/1397089.htm（2017年4月16日閲覧）
小原友行　1998　初期社会科授業論の展開（p.35）　風間書房

引用・参考文献

関田一彦・安永　悟　2015　協同学習の定義と関連用語の整理　協同と教育1　日本協同教育学会

●Column11
岸　俊彦　2004　対話のある授業　教育カウンセラー標準テキスト初級編（pp. 126-136）　図書文化社
小西和也　2001　戦後学習指導要領の変遷と経験主義教育　サイエンスネット，11，12-15.

■第12章
経済協力開発機構（OECD）（編著）　国立教育政策研究所（訳）　2010　PISAの問題できるかな？　明石書店
文部科学省　2017　小学校学習指導要領解説　総則編
文部省　1948　算数　三　東京書籍
田中耕治（編著）　2009　時代を拓いた教師たちⅡ　日本標準
田中耕治（編著）　2017　戦後日本教育方法論史　下　ミネルヴァ書房
田中耕治・水原克敏・三石初雄・西岡加名恵　2009　新しい時代の教育課程　改訂版　有斐閣アルマ

■第13章
文部科学省　2008　小学校学習指導要領解説　特別活動編　大日本図書
文部科学省　2010　小学校学習指導要領　一部改訂
文部科学省　2017a　教育課程部会　特別活動ワーキンググループにおける審議の取りまとめ
　　http://www.mext.go.jp/b_menu/shingi/chukyo/chukyo3/066/sonota/__icsFiles/afieldfile/2016/09/12/1377088_1.pdf（2017年8月25日閲覧）
文部科学省　2017b　小学校学習指導要領案
　　http://www.mext.go.jp/b_menu/shingi/chousa/shisetu/044/attach/1397089.htm（2017年8月25日閲覧）

■第14章
相川　充　1999　ソーシャルスキル教育とは何か　國分康孝（監修）小林正幸・相川　充（編）ソーシャルスキル教育で子どもが変わる　小学校（pp. 25-30）　図書文化社
藤枝静暁・相川　充　2001　小学校における学級単位の社会的スキル訓練の効果に関する実験的検討　教育心理学研究，49，371-381.
金山元春・佐藤正二・前田健一　2004　学級単位の集団社会的スキル訓練―現状と課題　カウンセリング研究，37，270-279.
河村茂雄　2007　いま子どもたちに育てたい学級ソーシャルスキルCSS（p. 11）　図書文化
河村茂雄　2009　Q-U式学級づくり　小学校高学年　プレ思春期対策「満足型学級」育成の12か月

(p.8) 図書文化社

小林正幸　1999　なぜいまソーシャルスキルか　國分康孝（監修）小林正幸・相川　充（編）ソーシャルスキル教育で子どもが変わる　小学校（p.5-6）　図書文化社

國分康孝　1981　エンカウンター（p.3）　誠信書房

國分康孝　1997　教師の使えるカウンセリング（p.4）　金子書房

國分康孝（監修）　2001　現代カウンセリング事典　金子書房

國分康孝　2004　教育カウンセリング概論　日本教育カウンセラー協会（編）教育カウンセラー標準テキスト　初級編（pp.8-9）　図書文化社

國分康孝（監修）清水井一（編）　2007　社会性を育てるスキル教育35時間―総合・特活・道徳で行う年間カリキュラムと指導案（p.9）　図書文化社

國分康孝（監修）清水井一（編著）　2008　生きる力の具体策　社会性を育てるスキル教育（p.3）　図書文化社

国立教育政策研究所　2012　生徒指導・進路指導研究センター　生徒指導リーフ1　生徒指導って，何？（pp.2-3）
http://www.nier.go.jp/shido/leaf/leaf01.pdf（2017年4月23日閲覧）

文部科学省　1993　我が国の文教政策
http://www.mext.go.jp/b_menu/hakusho/html/hpad199301/hpad199301_2_101.html（2015年6月22日閲覧）

文部科学省　2010　生徒指導提要（pp.117-118）

文部省　1996　中央審議会答申21世紀を展望した我が国の教育の在り方について（第一次答申）
http://www.mext.go.jp/b_menu/shingi/old_chukyo/old_chukyo_index/toushin/attach/1309588.htm（2015年9月9日閲覧）

文部省　1996　生徒指導の手引き（p.1）　大蔵省印刷局

中村　豊　2013　子どもの基礎的人間力養成のための積極的生徒指導（pp.241-244）　学事出版

関本恵一　2011　特別活動における人間関係の形成に関する調査報告書，p.10．日本特別活動学会

埼玉県教育心理・教育相談研究会　2005　社会性育むためのスキル教育低学年版（pp.18-19）

佐藤正二　2005　実践！ソーシャルスキル教育（p.7）　図書文化

佐藤正二・立元　真　1999　児童生徒の対人関係と社会的適応・予防の介入　教育心理学年報, 38, 51-63

末田陽祐　2011　神陵台小学校職員研修記録　けやき　神戸市立神陵台小学校

●Column14

國分康孝　2004　教育カウンセリング概論　教育カウンセラー標準テキスト初級編　図書文化社

■第15章

藤本浩一　2016　自閉症児の世界に入る―保育園から小学校へ　神戸松蔭女子学院大学教職センター年報, 1, 54-66.

引用・参考文献

藤本浩一　2017　インクルーシブ教育に対する学生の態度の変化（１）　―発達障害の授業の効果　神戸松蔭女子学院大学研究紀要人間科学部篇，6，1-16.
神庭重信（総編集）　神尾陽子（編）　2014　DSM-5を読み解く（１）　中山書店
文部科学省　2012　初等中等教育局特別支援教育課　共生社会の形成に向けたインクルーシブ教育システム構築のための特別支援教育の推進（報告）概要

■第16章

福岡貞子・伊丹弥生・伊東正子・池川正也（編）　2014　多文化絵本を楽しむ　ミネルヴァ書房
現代思想編集部（編）　2000　ろう文化　青土社
国際高麗学会日本支部編　2010　在日コリアン辞典　明石書店
野村　進　1996　コリアン世界の旅　講談社
朴　三石　2008　外国人学校　中央公論社
咲間まり子　2014　多文化保育・教育論　みらい
セクシャルマイノリティ教職員ネットワーク（編）　2003　セクシャルマイノリティ　明石書店
多田　治　2008　沖縄イメージを旅する　中央公論社
田中克彦　1981　ことばと国家　岩波書店
田中　宏　2013　在日外国人第三版　岩波書店
知里幸惠　1978　アイヌ神謡集　岩波書店
渡辺　靖　2015　〈文化〉を捉え直す　岩波書店
安田浩一　2012　ネットと愛国　講談社

■終章

波多野誼余夫・稲垣佳世子　1983　文化と認知　坂本昂（編）　現代心理学7　思考・知能・言語　(pp.191-210)　東京大学出版会
市川　浩　1992　精神としての身体　講談社学術文庫
勝浦眞仁　2016　教職を目指す学生とむかいあう―エピソード記述し，対話することの意義　川島大輔・勝浦眞仁（編）　子どもとむかいあう―教育・保育実践の記述，省察，対話　(pp.139-161)　ratik
小嶋玲子　（印刷中）　保育相談支援を通して　神戸松蔭女子大学教職支援センター年報 vol.3（特別号）
倉橋惣三　1965　幼稚園真諦　フレーベル館
楠見　孝　2012　実践知と熟達者とは　金井壽宏・楠見孝編　実践知―エキスパートの知性　有斐閣
岡田　猛　2005　心理学が創造的であるために―創造的領域における熟達者の育成　下山晴彦（編）　心理学の新しいかたち1　(pp.235-262)　誠信書房
ピアジェ，J.（著）1945／大伴　茂（訳）　1988　遊びの心理学　黎明書房
齋藤　孝　1997　教師＝身体という技術―構え・間知力・技化　世織書房

ショーン,D. A.(著) 1983／佐藤 学・秋田喜代美(訳) 2001 専門家の知恵—反省的実践家は行為しながら考える ゆみる出版

Sternberg, R. J., Forsythe, G. B., Hedlund, J., Horvath, J. A., Wagner, R. K., Williams, W. M., Snook, S. A., & Grigorenko, E. L. 2000 *Practical intelligence in everyday life*. New York : Cambridge University Press.

寺見陽子・春 豊子・山口照代・鶴 宏史・永井マリア 2017 保育者の保育困難感の背景と保育者支援の視点に関する研究 神戸松蔭女子学院大学教職センター年報

寺見陽子・小嶋玲子・勝浦眞仁・田中裕子・石野秀明(印刷中)身交(むか)う構えと養育性の「技化」を考える—保育における専門性を巡って 神戸松陰女子大学教職支援センター年報 vol. 3(特別号)

人名索引

●え
エリス(Ellis, M. J.) 42
エルンスト(Ernst, M.) 81

●か
カイヨワ(Caillois, R.) 46
カール(Carle, E.) 81, 82

●く
倉橋惣三 211
クレー(Klee, P.) 80
グロース(Gross, K.) 42

●し
ジャック゠ダルクローズ(Jaques-Dalcroze, É.) 77
ショーン(Schön, D.) 211
シラー(Schiller, F.) 42

●す
スキャモン(Scammon, R. E.) 36

●ち
チゼック(Cizek, F.) 80

●て
デューイ(Dewey, J.) 142, 146

●と
ドミンゲス(Domínguez, Ó.) 82

●ひ
ピアジェ(Piaget, J.) 9, 44

ピカソ(Picasso, P.) 80

●ふ
ブリューゲル(Bruegel, P.) 40
ブルーナー(Bruner, J. S.) 148
フロイト(Freud, S.) 44

●へ
ベイトソン(Bateson, G.) 46
ヘッケル(Haeckel, E.) 43

●ほ
ホイジンガ(Huizinga, J.) 45
ホール(Hall, G. S.) 43
ポルトマン(Portmann, A.) 4
ポロック(Pollock, J.) 82

●ま
マリ(Mari, I.) 89

●み
宮沢賢治 220
ミロ(Miró, J.) 80

●や
柳田国男 48

●れ
レオーニ(Lionni, L.) 81, 82

●ろ
ロジャーズ(Rogers, C.) 169

事項索引

●あ
愛着（Attachment） 5
アイデンティティ 6
アクティブ・ラーニング 66, 131
アゴーン 47
アサーショントレーニング 171
アスペルガー 187
アスペルガー症候群 186
遊び 16
新しい学力観 149
新しい少子化対策について 53
アレア 47
アンガーマネジメント 171
安心感 210
安心基地 190
暗黙知 206

●い
生きる教材研究 118
生きる力 131, 134
いじめ 180
一時預かり事業 57
一時保護 57
イリンクス 47
インクルーシブ教育 190
インクルージョン 105
インストラクション 176
インターセックス 196

●う
ウォッシング 84
ウッズホール会議 148
運動症群 187

●え
絵本 89
エンゼルプラン 52

●お
オートマティズム（自動記述） 81
落ちこぼれ・落ちこぼしの現象 93
音楽指導法 69

●か
介護等体験 105
カウンセリング 168
カウンセリング的人間関係 209
科学教育 119
学習過程 162
学習経験 125
学習指導要領 15

学習障害（LD） 183
学問中心主義 148
学力向上 134
学力低下 134
歌唱教材 75
課題解決 135
課題追究 135
課題把握 135
学級活動 102
学校教育法 14
学校行事 159
学校週5日制 150
家庭児童相談室 58
家庭での学習（ホームスクーリング） 154
構え 3
感覚・運動的遊び 9
感覚運動的知能 5
環境教育 150
関心・意欲・態度 99
間身体性 210
換声点 72
完全学校週5日制 134

●き
技化 210
疑似体験 177
気づき 99
気晴らし説 42, 44
規範意識 175
技法 81, 86
技法遊び 80
義務教育 105, 154
キャリアカウンセリング 171
キャリア教育 96, 150
キュビズム 81
教育カウンセリング 180
教育支援センター 154
教育職員免許法 105
胸式呼吸 70
教師の交流 152
胸声区 71
協同学習 137
共同主観的世界 211

●く
グラフィックデザイン 83
クラブ活動 158
グループアプローチ 170
グローバル化 135

事項索引

●け
経験主義　134
継続指導　57, 61
系統主義　135, 148
ケース会議　55
限局性学習症　187
鍵盤学習　74

●こ
コアカリキュラム　95
合科的　102
合計特殊出生率　52
構成的グループエンカウンター（SGE）　171
広汎性発達障害　186
声の育成　70
国語科　101, 106
国際先住民族年　199
国際理解教育　150
互恵的な相互依存性　137
子育て短期支援事業　55
ごっこ遊び　9
子ども子育て応援プラン　53
子ども子育て新制度　53
子ども・子育てビジョン　53
子ども主体　97
子どもと家族を応援する日本　53
個別的な援助　58
五無主義　93
コラージュ　81, 85
コルチゾール　29
コンサータ　185
コンピテンシー（学び方と能力）　135
コンポジション　80

●さ
材料遊び　88
裁量性　206
材料体験　83

●し
シーケンス　144
ジェンダー　196
思考や認識　98
自己活動　12
自己肯定感　96
自己高揚感　96
自己統制力　2
仕事と生活の調整のための行動計画　53
自己との対話　212
資質・能力　17
資質・能力の向上　132
次世代育成支援対策推進法　53
自尊感情　98
実践知　205

児童会活動　158
児童家庭支援センター　58
児童虐待　52, 55
児童虐待通告　58
児童相談所　55, 57
児童中心主義的な教育　95
児童の主体的・対話的で深い学び　106
児童福祉施設　14
児童福祉法　14
自発性　3
自閉症児　185
自閉スペクトラム症（ASD）　186
社会科　133
社会資源　62
社会的資質能力　167
社会的スキル　137
習熟度別指導　151
集団援助　58
集団ダイナミズム　176
シュールレアリスム　81
主体者意識　98
主体的・対話的で深い学び　131
準備説　42, 43
小1プロブレム　103
障害者基本計画　203
小学校学習指導要領　78
状況との対話　212
小グループ運営スキル　137
少子化社会対策大綱　52
少子化対策推進基本方針　52
小中一貫教育　152
象徴的な遊び　9
情動的コミュニケーション　4
剰余エネルギー説　42
初回面接　60
自立　97, 104
新エンゼルプラン　52
人格・人間形成　103
新学力観　94
人権意識　105
人権感覚　105
人工知能　152
身体性　209
身体的構え　210
身体の技化　208
審判的・許容的雰囲気　170
親密性　210
信頼関係　210
心理療法　169

●す
図画工作　79
スキャモンの発育発達曲線　35
スクールカウンセラー　168, 180
スクラッチ　84

225

スコープ 144
スタンピング 83, 84
ステンシル 84
ストリングス 84
ストレスマネジメント教育 171
スパッタリング 85
スプートニクショック 134

●せ
生活科 92
生活経験 125
生活上必要な習慣や技能 97
声区 71
成長 2
生徒指導 168
生理的早産 4
セロトニン 29
専門性 205, 206

●そ
造形 80
造形表現 79
総合社会科 133
総合的な学習 95
相談機関 55
相談支援 58
相談面接 60
ソーシャルスキル教育（SSE） 171
ソーシャルスキルトレーニング（SST） 171
属人主義（血統主義） 204
属地主義（生地主義） 204
組織的な遊び 10
育ち 2
育てるカウンセリング 171
育てる教育相談 179
ソルフェージ 75

●た
体育科 102
滞育症候群 32
体験的な学習 96
対人援助技術 209
対人関係構築力 207
対面的な相互交渉 137
第4次産業革命 152
確かな学力 151
タスク遂行（課題遂行） 207
タスクパフォーマンス（課題達成） 207
多相性睡眠 27
ダダ 81
多文化教育 204
単元構成 99
探索行動 5
男女共同参画社会基本法 197

男女雇用機会均等法 197
単相性睡眠 27

●ち
地域子育て支援拠点事業 57
知育偏重化教育 92
知的能力障害群 187
知・徳・体 95
注意欠如／多動性障害（AD/HD） 184
朝食摂取群 39
直接体験 94, 96
治療的なカウンセリング 180

●つ
通告義務 63
詰め込み教育 134

●て
ディープラーニング 129
ディベート 138
デカルコマニー 82, 84
テキスタイルデザイン 83
テクスチャー 81
テクニカル・スキル 207
転写遊び 85

●と
頭声区 71
ドーパミン 185
特別学習 156
特別活動 102
特別支援学校 105
特別支援教育 190
トランスジェンダー 196
ドリッピング 82, 84
ドリップ・ペインティング 82

●に
ニート 93
二次障害 185
ニューカマー 199
乳児家庭全戸訪問事業 55
認知訓練プログラム 189
認定こども園 14
認定こども園法 14

●ね
年間指導計画 160

●の
能動性 3
ノーマライゼーション 105
ノンディレクティブ（非指示的）カウンセリング 170
ノンレム睡眠 28

事項索引

●は
バイセクシュアル　196
廃用症候群　32
パスカーボン　84
バチック　84
発達　2
発達障害（Developmental Disorder）　181
発達障害者支援法　187
発達段階　96
発展的な学習　151
早寝早起き朝ご飯運動　39
反省的実践（reflective practice）　212
反省的実践家　211
反省的洞察　211
反復説　42, 43

●ひ
ピアサポート活動　171
ピアノ演奏能力　74
弾き歌い　74
引きこもり　93
美術　78
美術・工芸　78
人見知り　5
ひと，もの，こと　98
ヒューマン・スキル　207
評価　164
表現・技能　99
表現と鑑賞　79
病児保育事業及び子育て援助活動支援事業　57
表象機能　9
表情筋　73

●ふ
フィードバック　176
フィンガーペインティング　85
吹き絵　84
腹式呼吸　70
父性的（道具的）役割　6
不登校　154, 180
フリースクール　154
プレ・ゴールデンエイジ　36
プログラミング的思考　129
フロッタージュ　82, 84
分離型特殊教育　191

●へ
ペンジュラム　85

●ほ
保育教諭　14
保育所　14
保育所保育指針　78
放課後児童健全育成事業　55

ぼかし　84
保健センター　58
母性的（情緒的）役割　6
ホモ・ルーデンス　45
本能説　42

●ま
マーブリング　84

●み
3つの間（サンマ）　32
ミミクリ　47

●む
群れ遊び　33

●め
メラトニン　28
面接指導　57

●も
モデリング　176
モノプリント　85
問題解決的学習　135
問題解決の過程　127
問題解決の力　120

●や
薬物療法　188

●ゆ
「ゆとりと充実」のある教育　93
ゆとりの時間　94, 149

●よ
養育支援訪問事業　57
養育性　3
幼児期運動指針　34
幼稚園　14
幼稚園教育要領　15
要保護児童　55
要保護児童対策地域協議会　55
幼保連携認定こども園保育・教育要領　78
予防的介入　174
予防的開発的なカウンセリング　180
4観点評価　127

●り
理科　119
理科離れ　122
リテラシー　150
リトミック　77
リハーサル　176
臨床心理士　180

227

●れ
レズビアン　196
レディネス　145
レム睡眠　28
連弾　75

●ろ
ろう文化宣言　202
ローラー遊び　84

●わ
ワーク・ライフ・バランス　197
技　206

●A
A 表現　66
A 物質・エネルギー　120

●B
B 鑑賞　66
B 生命・地球　120

●C
CIE　145
GHQ　145

●D
DSM-5　187

●K
KHcoder　192

●L
LGBT　196

●P
PDCA サイクル　207
PISA ショック　150
PISA 調査　150
PTA の連携　152
PTSD　169

●S
SCERTS　189
STEAM 教育　129

●T
TEACCH　189
TIMSS　150

【執筆者一覧】

寺見 陽子	神戸松蔭女子学院大学人間科学部子ども発達学科	編者，序文，第1章，終章，結びにかえて
井上 知子	神戸松蔭女子学院大学人間科学部子ども発達学科	第2章，コラム2
倉 真智子	神戸松蔭女子学院大学人間科学部子ども発達学科	第3章，コラム3
吉田 直哉	神戸松蔭女子学院大学人間科学部子ども発達学科	第4章，コラム1，7
塚元 重範	神戸松蔭女子学院大学人間科学部子ども発達学科	第5章，コラム5
奥村 正子	神戸松蔭女子学院大学人間科学部子ども発達学科	第6章，コラム6
奥 美佐子	神戸松蔭女子学院大学人間科学部子ども発達学科	第7章，コラム4
谷口 和良	神戸松蔭女子学院大学人間科学部子ども発達学科	第8章，コラム8
大石 正廣	神戸松蔭女子学院大学人間科学部子ども発達学科	第9章，第13章，コラム9，13
内田 祐貴	神戸松蔭女子学院大学人間科学部子ども発達学科	第10章，コラム10
根津 隆男	神戸松蔭女子学院大学人間科学部子ども発達学科	第11章1～4，第14章，コラム11，14
村岡 弘朗	神戸市教育委員会	第11章5，6
大下 卓司	神戸松蔭女子学院大学人間科学部子ども発達学科	第12章，コラム12
藤本 浩一	神戸松蔭女子学院大学人間科学部子ども発達学科	第15章，コラム15
松岡 靖	神戸松蔭女子学院大学人間科学部子ども発達学科	第16章，コラム16

【編者紹介】
寺見陽子（てらみ・ようこ）
　岡山県生まれ
　大阪府立大学大学院人間社会学研究科博士課程単位取得満了
　現在　神戸松蔭女子学院大学人間科学部大学院，子ども発達学科教授・学科長

〈主著・論文〉
　乳幼児保育の理論と実際（編著）　ミネルヴァ書房　2003年
　子どもと保育の心理学（編著）　保育出版　2003年
　新保育ライブラリ　保育内容　環境（分担執筆）　北大路書房　2009年
　子どもの環境から考える保育の内容（分担執筆）　北大路書房　2010年
　保育相談支援（分担執筆）　建帛社　2011年
　育児のなかでの臨床発達支援（臨床発達心理学・理論と実践②）（分担執筆）　ミネルヴァ書房　2011年
　子育ち・子育て支援学（編著）　保育出版　2011年
　保育内容総論（分担執筆）　全国社会福祉協議会　2015年
　父親の養育性・役割取得を促す教育プログラムのための観点導出．神戸大学大学院人間発達環境科学研究科研究紀要，第8巻　第2号，137-149．2015年（平成24〜26年度文部科学省科学研究費基盤研究C「父親の養育性・役割取得を促す発達教育プログラムの開発」：課題番号25350953）（研究代表）
　父親の養育性・役割取得を促す教育プログラムの視点に関する考察　神戸大学大学院人間発達環境科学研究科研究紀要，第9巻　第2号，1-22．2016年（平成24〜26年度文部科学省科学研究費基盤研究C「父親の養育性・役割取得を促す発達教育プログラムの開発」：課題番号25350953）（研究代表）

子どもの未来を育む保育・教育の実践知
――保育者・教師を目指すあなたに――

| 2018年3月10日 | 初版第1刷印刷 | 定価はカバーに表示 |
| 2018年3月20日 | 初版第1刷発行 | してあります。 |

　　　　　著　者　神戸松蔭女子学院大学
　　　　　　　　　子ども発達学科

　　　　　編　者　寺見陽子

　　　　　発行所　　（株）北大路書房
　　　　　　　〒 603-8303　京都市北区紫野十二坊町12-8
　　　　　　　　　　電　話　（075）431-0361（代）
　　　　　　　　　　ＦＡＸ　（075）431-9393
　　　　　　　　　　振　替　01050-4-2083

ⓒ2018　　　　　　　　　　　印刷／製本　亜細亜印刷（株）
検印省略　落丁・乱丁はお取り替えいたします。
　　　　　ISBN978-4-7628-3009-9　Printed in Japan

・ JCOPY 〈(社)出版者著作権管理機構 委託出版物〉
本書の無断複写は著作権法上での例外を除き禁じられています。
複写される場合は，そのつど事前に，(社)出版者著作権管理機構
（電話 03-3513-6969,FAX 03-3513-6979,e-mail: info@jcopy.or.jp）
の許諾を得てください。